• 中国劳动关系理论与政策研究丛书 •

北京市教育委员会社科计划项目资助

The internal motivation of corporation change
—— the analysis of corporation labor relations in social transformation

企业变革的内在动力
——社会转型中的企业劳动关系分析

冯喜良·著·

中国工人出版社

图书在版编目（CIP）数据

企业变革的内在动力 / 冯喜良著. —北京：中国工人出版社，2012.11
ISBN 978-7-5008-5335-0

Ⅰ.①企… Ⅱ.①冯… Ⅲ.①企业改革—研究 Ⅳ.①F271

中国版本图书馆 CIP 数据核字（2012）第 265079 号

企业变革的内在动力——社会转型中的企业劳动关系分析

出 版 人	李庆堂
责任编辑	罗荣波 方 祯
责任校对	赵 思
责任印制	栾征宇
出版发行	中国工人出版社（北京市东城区鼓楼外大街 45 号） 邮编：100120
网　　址	http://www.wp-china.com
购书网址	http://ghyldgx.taobao.com
电　　话	010-62350006（总编室） 010-82075935（工会与劳动关系分社） 010-62005038（传真）
发行热线	010-62004002　82081553（传真）
读者服务	010-62389465
经　　销	各地书店
印　　刷	北京市密东印刷有限公司
开　　本	700 毫米×1000 毫米　1/16
印　　张	12.5
字　　数	150 千字
版　　次	2012 年 11 月第 1 版　2012 年 11 月第 1 次印刷
定　　价	30.00 元

本书如有破损、缺页、装订错误，请与本社读者服务部联系更换
版权所有　侵权必究

前　言

　　改革开放已经走过三十余载，中国的经济、社会发生了根本性变化，已经逐步由计划经济体制转变为社会主义市场经济体制。从 1992 年开始到 21 世纪初，在中国进一步改革开放、加速构建社会主义市场经济体制的社会环境下，企业确立了独立经济实体的社会地位、获得了充分的经营自主权，使企业能够按照经济社会发展的客观规律完成向市场经济主体的转型。企业在这一历史时期所发生的巨大变革，集中反映了转型期企业发展变化的特征和内在规律。本研究将调查分析的焦点集中在整个 20 世纪 90 年代这一具有代表意义的历史时期。

　　社会成员的欲求是社会持续变革和发展的内在动力。在中国改革开放的社会发展过程中，企业作为社会结构中的主要组成部分也发生了巨大变化。企业变革的动力何在，组织内部成员的需求如何影响组织的变革、是否是组织变革的主要内在动力？作者带着上述理论假设，以社会动力机制理论为研究依据，围绕张瓷公司（化名）人力资源管理中的雇用制度、薪酬制度、培训制度、劳动时间、职工福利以及经营管理体制等在 20 世纪 90 年代的变革发展进行了多次调查分析。

　　本研究一方面通过翔实的第一手资料，采用规范、严谨的调查方法展开调研；另一方面，该研究不仅关注企业各项制度本身的变迁，更关注制度发生变化的深层原因和内在条件，从而揭示促进企业不断变革的内在动力。在对企业各项制度的变化以及制度变化的内在原因进行实证调查分析的基础上发现，在企业的变革过程中，社会体制的变化和市场的需求是企业变革的外在动力、也是企业变革初期的重要社会条件，与此同时，企业内部劳动者的需求则是推动企业各项管理制度持续变革的主要内在动力。这一研究结果对企业或组织在市场体制环境下如何实现可持续的良性发展提供了重要的理论参考。

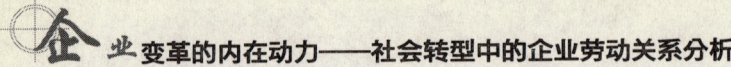

本书在写作风格上,一方面遵从了严格的学术规范和分析范式,具有学术专著的特点,另一方面注意提供和引用了大量的第一手调研资料,通俗易懂,具有较强的可读性。

作 者
2012 年 10 月

目 录

1 企业经济社会环境的变革 …………………………………… 1
  1.1 研究主题 ………………………………………………… 1
    1.1.1 问题提出 ………………………………………… 1
    1.1.2 调研企业选取 …………………………………… 2
    1.1.3 本书内容结构 …………………………………… 4
  1.2 中国国有企业的变革历程 ……………………………… 4
    1.2.1 扩大企业生产经营自主权 ……………………… 5
    1.2.2 全面实施减税让利和承包制 …………………… 7
    1.2.3 社会主义市场经济体制 ………………………… 11

2 企业雇用体制的市场化转型 ……………………………… 12
  2.1 企业雇用制度的变化 ………………………………… 12
  2.2 张瓷公司的雇用情况 ………………………………… 14
    2.2.1 自主雇用的确立 ……………………………… 15
    2.2.2 全面导入劳动合同制 ………………………… 18
  2.3 强化服务规则 ………………………………………… 27
    2.3.1 强化岗位管理 ………………………………… 28
    2.3.2 加强就业规则 ………………………………… 28
    2.3.3 品质管理 ……………………………………… 30
  2.4 员工对雇用的认识 …………………………………… 35
    2.4.1 雇用政策 ……………………………………… 36
    2.4.2 服务规则 ……………………………………… 39
  2.5 小结 …………………………………………………… 41

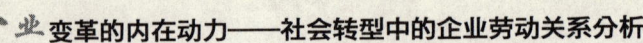

3 薪酬体系的制度化 43
3.1 薪酬体系的历史变迁 43
3.1.1 向劳动成果平均主义的倾斜 43
3.1.2 伴随经济体制改革的薪酬体系变革 45
3.2 张瓷公司制造岗位薪酬体系的变化 46
3.2.1 生产定额制 47
3.2.2 计件超额工资制度 48
3.2.3 复合型计件超额工资制度 50
3.2.4 以产品质量为中心的工资制度 53
3.2.5 以收益为重的工资制度 55
3.3 张瓷公司销售岗位的薪酬体系 61
3.3.1 以销量为中心的责任制 61
3.3.2 以销售货款回收率为中心的责任制 63
3.3.3 销量与货款回收率并重的责任制 67
3.4 其他补贴 70
3.4.1 加班补贴 70
3.4.2 出差补贴 71
3.4.3 其他 73
3.5 人事考核制度 74
3.5.1 以主观判断为主的考核制度 74
3.5.2 以职务标准为核心的考核制度 79
3.6 薪酬体系制度化的影响 81
3.6.1 收入差距的扩大 81
3.6.2 劳动者的接受程度 82
3.6.3 劳动者意识转变 88
3.7 小结 91

4 员工培训制度的变迁 93
4.1 对于一般员工的培训 94
4.1.1 离岗培训 94
4.1.2 在岗培训 98

4.2 经营管理人员的培训 …… 99
4.2.1 企业外部进修 …… 99
4.2.2 公司内部培训 …… 100
4.2.3 通过经营会议进行的培训 …… 101
4.2.4 质量管理 …… 103
4.2.5 以职务为基准而进行的自我能力开发 …… 104
4.3 员工对培训效果的评价 …… 105
4.3.1 技能竞赛 …… 105
4.3.2 问卷调查 …… 107
4.4 人事变动 …… 108
4.4.1 张瓷公司与公司本部之间的人事交流 …… 109
4.4.2 企业内人事变动 …… 111
4.5 员工对培训的认识 …… 112
4.6 小结 …… 117

5 劳动时间的变化 …… 119
5.1 工作时间政策的变化 …… 119
5.2 张瓷公司的工作时间状况 …… 120
5.2.1 现场劳动者 …… 121
5.2.2 经营管理人员的工作时间 …… 125
5.3 劳动者的认识与评价 …… 133
5.4 小结 …… 135

6 劳动者福利转型 …… 137
6.1 福利健康管理 …… 137
6.1.1 住房补助 …… 137
6.1.2 生活补助 …… 141
6.1.3 劳动者的医疗保险制度 …… 149
6.1.4 养老保险和失业保险 …… 153
6.1.5 文化娱乐设施 …… 158
6.1.6 企业福利保健的变化 …… 159

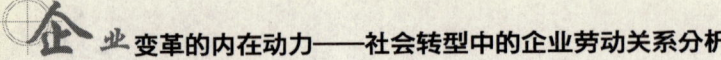

6.2 安全卫生 …………………………………………………… 160
   6.2.1 劳动保护 ………………………………………… 160
   6.2.2 工伤保险 ………………………………………… 162
   6.2.3 女性劳动者的劳动保护 ………………………… 164
6.3 劳动者对企业福利的认识 ………………………………… 168
6.4 小结 ………………………………………………………… 171

7 劳动者工作意识的变迁 …………………………………… 173
7.1 经营管理制度的变化和劳动者意识 ……………………… 173
   7.1.1 经营管理制度变化特点 ………………………… 173
   7.1.2 劳动者的价值意识（劳动意识） ……………… 174
7.2 社会贡献的价值意识和人际关系 ………………………… 178
   7.2.1 通过人际关系贡献社会 ………………………… 178
   7.2.2 社会贡献价值意识的背景 ……………………… 180
7.3 今后的课题 ………………………………………………… 182

参考文献 …………………………………………………………… 184

后 记 ……………………………………………………………… 192

1

企业经济社会环境的变革

1.1 研究主题

1.1.1 问题提出

从20世纪末到21世纪初,在中国进一步改革开放、加速构建市场经济体制的社会环境下,企业确立了独立经济实体的社会地位、获得了充分的经营自主权,使企业能够按照经济社会发展的客观规律完成向市场主体的逐步转型。企业在这一历史时期所发生的巨大变革,集中反映了转型期企业发展变化的特征和内在规律。在市场经济体制逐渐确立的社会背景下,本书以张瓷公司为研究焦点,通过分析该公司在劳动人事管理方面的变化过程,关注其问题和成果以及与劳动者需求之间相互产生的影响,探索在社会转型时期,企业经营管理制度变革的内在动力,为持续发展的组织创新提供理论参考。

中国在改革开放之前一直属于计划经济体制,企业的所有权及经营管理均以政府为主体。因此,企业既不承担经营责任,也没有经营决定权,具体到从从业人员的招聘、解雇,直至企业的经营管理等各个方面均有政府的参与。在这个时期,劳动力由政府全面管理,原则上企业和劳动者双方必须服从政府劳动行政部门的分配,就业后的转职也受到很大限制。

在这样一系列政策的指导下,劳动者实际上为国家所有,即企业无法根据经营状况自主决定劳动者的雇用或者解雇,劳动者也不能自主择业。而且,因为国家的集中管理限制了劳动力的自由流动,并没有形成真正的劳动力市场。在人们的观念中,工资是由国家付给的而非劳动的等价物,劳动的意义在于服务社会。人们只是将劳动结果——产品当作商品,作为生产主体的劳动力被划归其外。

1978年以后，伴随着经济体制改革的不断深化，企业改革也得以开展。为提高企业活力，政府将企业从行政的直接管理中分离出来，使其成为独立的经济实体。一方面，随着企业自主经营权的确立，劳动人事管理成为经营管理的重点，另一方面，如何提高劳动者长期形成的低劳动积极性和低生产效率这一重大现实问题得到了管理者和从业人员的关注。

为适应"社会主义市场经济"的运营体制，多数企业进行了雇用及薪酬体系改革，在经营管理环节采取多项措施以提高劳动者的工作积极性。虽然大多数人抱有"不排斥竞争激烈的环境"的态度，"他们希望有紧张感和竞争，并愿意为之付出努力"[①]，而且这些企业（或者管理者）的努力也取得了一定的成果，但整体而言仍未尽如人意。现实社会中，在20世纪末政府强调将国有企业改革当作中心任务，也从一定程度上说明企业改革的难度。

企业的一系列管理措施为何未能激发劳动者的工作积极性，是否因为其经营方针和管理措施与劳动者的价值意识和积极性之间产生了隔阂？在市场经济体制下的中国，能否解决此问题关系着改革进程中企业的存亡，而掌握改革现状则是解决问题的先决条件。所以，有必要从以下两个角度进行分析，一是企业经营管理制度的变化及特征，二是从业人员价值意识的变化及特征。

从1997年起，笔者连续多年对位于中国北方张家市（化名）的张瓷公司（化名）进行了十多次实地调研，以劳动人事管理为中心，围绕薪酬体系，销售制度，经营管理体制，就业人员的价值意识等方面进行了问卷，参与观察和访谈调查。调查结果显示，虽然管理者及从业人员并没有明确认识劳动力就是商品，事实上企业的经营活动中正在推行一系列符合市场经济体制的经营管理制度，包括以薪酬体系为首的劳动人事管理等，而实施这些制度和措施的动力既来自于市场的压力，更来自于劳动者的需求。

1.1.2 调研企业选取

政府通过导入市场原理和构筑集团企业的理念，推动作为基础产业的大型企业集团的建设和发展，对于中小企业则主要提倡自主经营。根据国家统

---

① 中国经济体制改革研究所，《青年的职业选择和生活态度》，石川贤等译，1988《中国经济改革》，东洋经济新报社，第129~130页。

1 企业经济社会环境的变革

计局企业调查总队的资料①,虽然在 1997 年度中小企业收益尚不足整体工业企业的 40%,但其劳动者总数却占到了 70% 以上。中小企业作为支撑大企业的基础力量,其改革的成败直接影响着众多劳动者的切身利益。根据自主经营的发展方针,中小企业已逐步脱离政府的经济计划,并且在市场经济体制下逐步确立自主的经营管理方式。与大型企业相比,这些中小企业受政府行政直接管理较少,市场机制更加容易发挥效力,距离市场经济体制下的企业改革目标也更近一步。因此,在选择研究对象时,特别关注企业的自主经营管理程度,将中小企业张瓷公司作为本课题的研究对象,以便最大限度地客观反映我国国有企业变革的现实状况。

张家市的张瓷公司为中小企业,当地的经济发展状况虽落后于上海和北京等一线城市,但快于中西部地区,其经济发展处于中间水平。张瓷公司属于张家市最早引入股份制的公司,其管理层为适应市场竞争而积极推进企业内部管理体制改革,对以薪酬体系为首的各项制度进行了改革试验。管理者为听取劳动者关于公司经营管理方面的意见,每年以全体劳动者为对象进行问卷调查,从 1997 年开始已进行了多次。同时,该公司重视与公司外部的交流,同意作为调研对象并积极配合调查研究。

张瓷公司为 1992 年后期设立的中小型合资企业,由张家市特种陶瓷公司(化名)和香港投资商合资建成。香港投资商仅限于收购部分产品,张瓷公司的具体经营管理由原国有企业的相关人员承担,故该企业的运营模式与中国的其他中小企业基本相同。1997 年与香港投资商的合同到期后,其所有制身份虽然转变为国有中小型企业,但受政府行政干预的程度少于一般的国有中小型企业,基本上属于自主经营管理。1993 年劳动者数量为 56 名,1998 年 7 月时增加到 180 名,根据雇用类型可分为正式合同工、短期合同工、实习生劳动者等。

其组织形式包括总经理室、财务部门、生产部门、销售部门、产品开发部门、企划部门、总务部门、教育培训部门等。管理者(包括管理职务的技术工人)共有 35 名,占劳动者总量的 19.4%。

张瓷公司的生产工序包括"原料加工→成型→上釉→烧制→检查包装"

---

① 国家统计局企业调查总队,《经济周刊——企业风景》,《光明日报》第六版,1998 年 11 月 9 日。

3

等具体流程，实际生产由原料加工部门、成型部门、烧制部门、包装部门、机械维护部门共同负责。产品为日用耐热陶瓷制品，除销往国内的北京、上海、广州等城市以外，还远销中国香港、新加坡、日本等国家和地区。

在企业运营过程中，为实现企业经营管理活动的目标，需要对人、财、物、信息等资源进行规范合理的管理①。经营管理根据对象的不同分为几种类型。其中以人为对象的劳动人事管理直接影响劳动者的工作积极性，是企业经营管理的核心。本书着眼于张瓷公司1993年起劳动人事管理方面的变化，对其经营管理展开分析。

劳动者的价值意识②是指劳动者对世界上的种种客体进行的价值判断的总和。本研究主要以从劳动者对工作及业余生活态度中体现出的人生价值、人生目的、规范意识、需求倾向及劳动观念为中心，对影响劳动者观念和行为方式的价值意识进行分析。

1.1.3 本书内容结构

本书主要包括雇用、教育培训、薪酬体系、劳动时间、福利和安全卫生等内容，从多方面分析企业经营管理制度的变化及特征，以及劳动者的相关认识及评价。最后分析了企业经营管理取向和劳动者价值意识特征的相互关系，探讨在兼顾劳动者社会贡献的价值意识基础上，形成符合市场经济体制意识的重要性。

本书未把劳动者的生产积极性限定在工作范围内，而是结合其业余生活及地区生活全方位考核。作为中国劳动者价值意识的特征，"社会贡献"的观念受到儒家思想、社会主义体制及历史文化等地域特性的影响，并在工作及业余生活中的人际关系中得到体现。

1.2 中国国有企业的变革历程

在研究张瓷公司的经营管理变化和劳动者价值意识特征之前，有必要对中国国有企业改革的历史变迁过程进行考核。

---

① Morarogy 研究所（THE INSTITUTE OF MORAROGY），《MORAROGY 经营原理》，广池学园出版部，1993。

② 石川晃弘，《社会变动和劳动者意识——在战后日本的变化过程》，日本劳动协会，1978。

1 企业经济社会环境的变革

在中国，计划经济和国营企业的"结合"，是社会主义经济"一极化"时期最主要的特征。经济改革中的"大胆突破"不只是计划经济体制和国有企业的改革，而是打破两者"结合"的格局并构建市场经济条件下的新型政企关系的改革。从国有企业改革至民营化的发展，企业改革的具体过程包括以下内容①。

1.2.1 扩大企业生产经营自主权

1978年年底，中国共产党召开了第十一届中央委员会第三次全体会议（十一届三中全会），这是中国政治、经济生活中划时代的转折点。12月22日的会议提出："现阶段我国经济管理制度中的致命弱点就是权力的过度集中。(1) 大胆放权，地方政府及工农企业应该在国家的统一计划指导下，掌握更多的生产经营自主权；(2) 削减行政机关，将经营自主权放到企业；(3) 重视经济机制，通过将教育和经济手段相结合，强化干部和生产者的积极性；(4) 在坚持党的领导的基础上，明确党政和企业管理机构及管理者的权利，减少会议及文件，提高工作效率，健全考核和奖罚制度"，指出了现代化进程中经济体制改革不可或缺的重要地位。

在1982年中国共产党第十二次代表会上，明确提出了经济体制改革应系统地开展下去。而且在第五次全国人民代表大会第五次会议上，第六个五年计划报告提出了经济体制改革正积极稳妥地加速，且"预计在第七个五年计划期间展开全面的改革，在设定经济体制改革的总方针和实施过程的同时，积极进入各方面改革的试验"。

1984年的十二届三中全会通过了《中共中央关于经济体制改革的决定》，明确规定了改革的方向、性质、任务及方针。这也是中国经济体制改革的中心路线。

新中国成立后的中国经济体制因缺乏经验，曾经一味模仿苏联的经济管理体制，由于忽视了市场经济机制的作用而未能形成适合本国经济状况的经济体制。中国的经济体制不能发挥本国的特性并陷入了一种固定模式，其主要特征包括以下几个方面。(1) 经济形式极其简单且单一化；(2) 政企责任不明，国家控制过多，造成了企业自主发展及活力缺乏；(3) 人力资源、物

---

① 陈清泰等，《国有企业改革全书》，中国统计出版社，1996，第3~13页。

力资源及财力资源的分配不合理;(4)经济效益低。在这些情况下,企业和劳动者的积极性均受到限制,经济整体尤其是企业活力不足。

中国为提高企业活力采取了以扩大企业自主权为中心的各种改革政策,自1982年开始,推行了以国有企业为对象的"两步利改税"计划。第一步就是税和利的并存,在第六个五年计划期间,首先是从企业的利润中以一定比例征收所得税和地方税,剩余的利润则在国家和企业之间进行多种形式的合理分配;第二步是在合理设定价格标准的基础上,根据销售状况征收累进所得税。针对国有小型企业,逐步推进集团和个人承包制、租赁制等多种经营方式,这是一种国家征收税金,经营者对企业经营损益负责的制度。1984年采取了扩大国有工业企业生产经营自主权的制度,企业在按照规定完成国家计划之后,可以根据市场需求自主制订生产计划。此外企业在产品销售、价格、原材料采购、资金调配、资产分配、管理机构的设置、劳动人事管理、工资及奖金的设定和经营管理合作等方面均有了更大的自主权。这一时期改革主要分为以下两个阶段。

第一阶段(1979~1982年)。改革的主要内容为扩大企业自主权,推进经营责任制。自1978年秋开始,以包括四川省宁江机械工厂在内的六家国有企业为试点的改革正式展开,到1978年年末,范围扩大至100家。1979年7月,国家经济委员会和财政部等六部门总结了四川省的改革经验,以位于北京市、天津市、上海市的包括首都钢铁公司在内的八家大中型国有企业为对象,试行了给予企业更多自主权的改革。

此后试点企业范围不断扩大,1979年年底增至4200家,1980年达到6600家,占据了全国工业企业的16%,工业总产值的60%和利润的70%。1981年,针对36000家工业企业实施了定额征收利润制度,超过定额的利润可由企业保留为自主发展经费。同时,企业内部实施了"厂长责任制","任期目标责任制","职务责任制"等,进入了多种责任制的试验阶段。

通过以上各种改革措施的展开,集中于政府的经营权和决定权下放到了企业,提高了企业的活力和积极性,促进了生产效率的提高。

第二阶段(1983~1986年)。改革的主要内容为,根据"利改税"的实施健全经营机构。首先,针对大中型企业一律以55%的税率征收所得税、剩余利润在国家和企业之间分配的制度于1984年10月起实行。其次,在价格调整以后不再进行利润分配,而是进行单一征税,除了统一征收所得税之外,

1 企业经济社会环境的变革

增加了"一户一率"（根据企业的不同，税率各异）的"调节税"以代替利润分配。在此时期，除首都钢铁公司和第二汽车制造公司等少数国有企业仍被允许"经营承包制"之外，大多数试验企业均实施了"利改税"。

企业自主权的扩大及"利改税"的制度不只是限制了政府对企业的行政干预，对企业内部的指导制度，雇用制度和分配制度改革等也产生了很大影响。但不可否认的是，扩大企业自主权等行政手段在改善企业的经营状况方面存在局限性，企业要克服种种困难以成为独立的经济实体，还需要国家更大力度的改革政策。

1.2.2 全面实施减税让利和承包制

企业的资金问题虽然通过"利改税"的实施在某种程度上得到了改善，但整体而言，其保留额不足利税总额的16%。国家征收的产品税、增值税、营业税等占据了企业营业总额的50%，同时企业还需缴纳一定的地方税（例如不动产税、运输税、土地税等）、城市建设税、教育附加税等。企业将55%的利润以所得税的形式缴纳之后，还需缴纳一定的调节税（以1983年的盈利状况为标准计算），余下的利润中约抽取15%作为能源交通基金交给国家。

不仅如此，财政部门和政府也以国债，重要建设、电力、金融证券等形式从企业征调一部分资金。根据《中国统计年鉴——1987年版》的统计数据，在1986年年度，全国的全民所有制独立结算工业企业的利税总额为1341.37亿元，而企业的保留额为228.3亿元，尚不足14.5%。在这一部分中抽取15%的能源交通基金之后，企业实际的保留额只有12.4%。

如上所述，仅仅靠扩大经营自主权和"利改税"，没能从根本上解决企业的经营问题。而且，国有企业中要求扩大经营自主权并且减税的呼声也日渐高涨。国有企业以《中共中央关于经济体制改革的决定》为依据希望实施减税让利，以拥有自我改善和自我发展的能力，并且强烈要求拥有自主经营的独立经济实体地位。

在1985年《中共中央关于制定国民经济和社会发展第七个五年计划的建议》中，强调提高企业活力，并且从企业内部和外部双管齐下：（1）减少行政干预，如无特殊情况，中央、自治区及各省市行政部门不直接参与管理，企业的经营管理权由企业自己掌握；（2）逐步减少大中型企业的调节税，避免不合理征收，健全乡镇企业和私企的政策及税制管理，所有企业均享有平等竞争条件;(3)改善指导型计划经济体制,保证企业享有在生产、供给和销售方面,以及人员和物资调配方面的自主权,同时健全微观经济体制,由企业自主负责经营状况;(4)把握社会的整体需求,调整供给平衡,企业通过经营管理的改善及经营效率的提高赢取市场竞争;(5)迅速推进企业的经济责任制等;(6)一部分的小型国有企业以承包制和租赁制的形式,转变为集体或者个人经营。

国家在实施减税让利政策的同时,宏观方面也采取了一系列的优惠措施。例如:(1)国有企业在技术开发,技术改造及引进新型技术时,适用优惠政策;(2)提高企业的折旧率;(3)一部分大型国有企业获得了直接开展对外贸易、并分配所获取外汇的权利;(4)实施薪酬和经济收益按比例联动的制度。

但是,在下放权力和实施减税让利取得显著效果的同时,给国家及企业带来的弊害也不容忽视。例如,国家税收的减少,政府财政基础的损害,企业对于短期利益的追求,企业间差距的扩大,企业和国家间的利益冲突,企业内部经营体制改革的停滞等。

从近年来的改革效果看,企业所有权和经营权的分离将经营自主权给予了经营者,提高了企业活力,是推进企业改革的重要原则。因为全民所有制企业在事实上不可能由全体人民来经营,国家的直接参与也不合适。而所有权和经营权的分离使经营权回到了企业手中,进而明确了所有者,经营者和生产者之间的关系,使企业利益得到了法律保护。

从1987年开始,国有企业全面推进了"经营承包制度",至1988年年底已覆盖了90%以上的企业。而此次实施的承包制与20世纪80年代初相比,无论是性质还是形式上均存在很大差异。从性质上看,其内容从单纯的经济合同,转变为包含多种内容的企业经营体制;从形式上看,从利润缴纳的承包类型变为了包括生产中各项指标的承包。具体的承包形式分为:(1)税金以一定比例增加的承包制;(2)在一定阶段内确定税金的承包制;(3)在一定阶段内确定税率的承包制;(4)减少亏损的承包制。若将亏损减少到了承包标准以下,减少的部分可以由企业自主支配。最一般的形式为"两保一挂",即保证将税金缴纳至国家,确保企业的技术革新,企业的工资总额和纳税额以一定的比例挂钩。此外,根据各个企业实际情况的不同,导入了多种经营责任制。例如,从公司外部招募经营责任者,在得到法律部门认同的基

1 企业经济社会环境的变革

础上延长承包时间,在企业内部通过投票选举经营责任者等。

与其他经营责任制相比,承包制最早被社会接受的原因分为以下几点:(1)可以适应不同的企业形式,具有多样性和适应性;(2)可以很好地维持财政及主管部门,企业经营者和生产者三者之间的利益,政策透明度高且提高了生产者的积极性,因企业的发展而取得短期收益的情况很受欢迎;(3)主管部门对企业的干预受到很大限制而使许多矛盾得到缓和。首都钢铁公司就是一个很好的例子。

具体而言,首都钢铁公司的"经营承包制度"的主要内容为:

第一,以1981年上交政府的利润作为标准,此后的8年间每年以7.2%的比例递增,由此使国家的财政收入得到保证,企业亦为提高递增率而积极努力。

第二,关于企业的保留利润,规定其中的60%用于技术革新及其产品的生产,20%用于福利,20%用于劳动者奖励。

第三,允许企业使用内部保留利润作为奖金,每年对一部分劳动者的工资水平进行调整,在统一工资制度的基础上增加了内部工资制度。

第四,企业可以根据市场的需求开发多种多样的产品。

首都钢铁公司的"经营承包制度"取得了巨大成效。首先,国家从首都钢铁公司得到的收入约为改革前的5倍。其次,首都钢铁公司用自己的资金储蓄改善了5个问题,分别为:(1)生产投入和产出的平衡得到了好转;(2)技术革新得以顺利开展;(3)生产过程的循环有了进步;(4)劳动力的调配更加方便;(5)劳动者的生活随着生产的发展得到了改善。

"经营承包制度"作为改善企业经营的有效方法,从首都钢铁公司的实践中得到了证明。1988年2月27日,国务院发布了《全民所有制工业企业承包经营责任制暂行条例》,定义经营承包制度为"在全民所有制的前提下,实现所有权和经营权的分离,依据承包合同明确国家和企业间的责任权利及利益,是保护企业经营自主权的经营管理制度"。作为"经营承包制度"的特色,"承包"的基本原则为,明确承包内容,确保缴纳国家相应税额,超过的利润可自己保留,而亏损需自行承担。

"经营承包制度"使企业的所有权和经营权分离,国家和企业之间缔结合同,而主管部门和企业由以往的上下级关系成为拥有共同目标的合作伙伴。企业受法律保护而不受外界干扰,实施独立的经营方针。其优势表现为:

第一，劳动者的工资和奖金等消费基金的调整得到了改善。首先，因工资总额的增加和经营状况挂钩，促进了企业提高生产能力并积极降低成本。其次，国家明确规定了企业保留资金中消费基金所占比例，企业可以预测不断变化的经营状况，在考虑长期计划的基础上，为避免最坏情况的出现而正确调整消费和生产投入的比例。

第二，根据承包合同的相关内容，个人利益和社会利益得以兼顾。因工资和奖金与企业的经营状况挂钩，劳动者的生产积极性得到了加强。几乎所有的企业均采用了目标管理法，将各项指标细分到各班组及个人，明确责任。首都钢铁公司采取了塔型管理体系，分为了生产任务承包，相互合作维持，效果考核三个阶段，整体把握并管理企业的生产状况。

第三，国家的收入，企业的保留资金和劳动者的生活均得到了保障，责任、权利和利益关系也得到了妥善处理。同时，培养优秀经营者和促进技术革新也发挥了重要作用。公司通过纳税后资金返还而改善了投资体制，迈出了成为投资主体的重要一步。

第四，所有权和经营权的分离确保了企业的自主权，促进了内部管理制度的改革。企业也逐渐有效利用所有权利，开展新的经营活动。"经营承包制度"是新旧体制过渡的良好桥梁。

但不可否认，"经营承包制度"实施过程中仍存在大量问题。其中，最严重的问题即企业经营者过度追求短期利益。相比较企业的发展和活力，经营者更加重视国家和企业的利益关系。生产利润的承包制以及工资利润的联动导致了企业的过度投资，缺乏市场调查基础的产品种类及数量大幅增加以及在库产品的大量积压。此外还产生了瞒报利润、利润增幅中国家收入比例低、企业注重投资而忽视积累等问题。

与"经营承包制度"实施之前相比，企业经营者的短视行为主要集中在以下几个方面：（1）重视经济利益、设备投资和生产，忽视产品质量；（2）重视短期内迅速获取稳定的收益，缺乏长期的发展计划；（3）疏于企业内部的技术革新和改进措施，为取得更高的经济收益而提升产品价格，将经营管理失败的代价强加给消费者。

产生以上问题的原因有许多，但其根本原因在于企业经营的健全化，资产的一元化和所有权的暧昧。国有企业作为生产经营的责任者，应该承担经营的全部责任，但分析实例可以发现，国有企业亏损时的补偿办法很难具体

1 企业经济社会环境的变革

规定，如果卖固定资产而补偿损失的话，资产的所有权本来就属于国家，与经营者和劳动者不存在利益关系。为解决这一问题，一部分企业将企业的经营与劳动者的命运相联系，让经营者和劳动者加入经营保险，用保险金补偿损失。此方法的确使经营者和劳动者感到压力巨大，促使他们积极地参与到生产和经营当中，但毕竟保险金额有限，在实际补偿时经常属于杯水车薪。最终，行政主管部门只能通过改变合同内容或者交付补助金以解决问题。考虑到企业曾长期依存于国家，如不完全消除其从属关系，"经营承包制度"的实施将困难重重。

1.2.3 社会主义市场经济体制

"经营承包制度"的实施得到了很多经验和教训：

第一，作为提高国有企业活力的前提，第一步必须明确规定企业资产的所有权。如果只是利益的承包，很容易导致国有资产的大量流失。

第二，彻底实现政企分离。只要不消除行政机关对企业生产活动的干预，不消除企业对政府部门的依赖，企业就无法真正成为市场中的独立竞争主体。

第三，为防止企业的短期行为并避免国家损失，除去利益的分配之外，还应该明确规定承包内容及亏损时的责任分担和补偿办法。

在解决以上问题的前提下，现代企业管理制度的确立也提上议事日程。1992年7月23日，国务院发布了《全民所有制工业企业转换经营机制条例》，宣布中国的改革目标为社会主义市场经济体制以及与其相适应的现代企业制度。文件中规定现代企业制度的基本特征为，适应市场经济的需求，明确国家投资部分的财产权、政企分离、权责明确、科学管理①。

1993年12月29日，第八届全国人民代表大会常务委员会第五次会议通过了《中华人民共和国公司法》，为企业改革指出了新的方向。此后1994年7月24日公布的《国有企业财产监督管理条例》规范了企业的股份制改革，1995年1月1日的《中华人民共和国劳动法》以法律条文的形式规定了企业的劳动人事管理，进一步推进了企业改革。

---

① 邓荣霖主编，《现代企业制度概论》，中国人民大学出版社，1995，第14~36页。

2

企业雇用体制的市场化转型

员工雇用作为企业接收人才最重要的手段，对员工的整体素质产生直接影响，在很大程度上左右着企业的竞争力。雇用管理包括员工的选拔、雇用、雇用形态、服务规则、退休制度等内容。本章以张瓷公司为例，对员工雇用和劳动合同的导入、雇用形态和服务规则等方面进行全面考察。

1978年改革之前的新中国基本上不存在劳动市场。但随着改革的深入和市场经济体制导入，劳动市场和劳动力的管理也逐渐发生了变化。而且，政府在企业劳务管理方面制定了多项条例和规定，通过劳动市场的建成推进雇用管理的改善。

劳动管理行政部门曾经统一负责员工的招录，但改革后这项工作由企业完成，企业雇用制度改革也以自主雇用和劳动合同制度的导入为中心展开。

2.1 企业雇用制度的变化

1978年之前劳动力由行政部门进行计划分配，它并不属于市场上的商品，原则上是根据岗位的劳动力需求进行分配。1951年起企业的用工计划管理纳入了国民经济计划，1953年后由中央政府统一管辖，1955年在矿业部门正式导入了行政部门的统一招录和分配，而中专和大学毕业的高学历者的工作分配则开始于1950年。此后，虽然学生的工作分配权限在人事部、教育部、大学的管辖部门、地方政府和中央政府间往复，但分配制度本身一直得到了严格的贯彻执行。

早期，为保护劳动者确立了终身雇用的原则。20世纪50年代前半期，广泛采取了"固定工"制度以维持社会的稳定，被国企正式雇用的员工几乎没

2 企业雇用体制的市场化转型

有"解雇"一说。但是在1956年以后，固定工制度的弊端日渐显现，合同工和临时工制度应运而生。但这些政策仅适用于新雇用的人员，对以往的固定工制度没有任何作用。1971年，为了消除企业内部的身份制度，大量的临时工得以转正。除极少数特例之外，被雇用的员工很少转行或者换厂。

改革开放以后，政府导入了多项新政策，进行了以提高企业活力为重点的企业改革。经过企业环境市场化以及雇用方面的改革，中国企业的雇用状况正逐渐发生变化。

1979年5月，国家经济委员会和计划委员会发布了《关于做好企业编制定员和劳动定额工作的通知》，指示有能力确定工作量的企业、部门、工种全面导入生产定额。

1983年2月，劳动人事部（现更名为人力资源和社会保障部）颁布了《关于积极试行劳动合同制的通知》，规定国有企业和一部分集体所有制企业在新雇用员工时，企业应与员工签订劳动合同，明确双方的权利和义务。1983年2月，劳动人事部在雇用时为防止非正常雇用，通过了《关于招工考核择优录用的暂定规定》，规定应该对应征人员进行道德、知识、健康方面的综合考核，择优雇用。

1984年1月，为促进技术工人等的劳动流动性以达到定员配制的合理化，劳动人事部发布《关于做好招聘工作的通知》，为推进人才的合理流动进行指导。

1986年7月，国务院通过了以下四个暂行规定：《国营企业实行劳动合同制暂行规定》、《国营企业招用工人暂行规定》、《国营企业辞退违纪职工暂行规定》、《国营企业职工待业保险暂行规定》。

"暂行规定"明确规定了职工的选拔、雇用、劳动合同的缔结、变更、中止和解除条件、在职及失业期间的待遇、退休后待遇等，根据政府指导措施，除极少数的特例以外，均应与雇用的正式员工签订劳动合同。并且废除了内部雇用（在职工的子女范围内进行内部选拔）等政策，强调社会范围的公开招聘和雇用原则。

1986年，雇用制度的改革正式起步，企业有了雇用新员工的权力。但是定员管理依然十分严格，雇用人数受到严格控制。市场化经济虽然在逐步发展，但80年代的企业员工雇用数量一直受到限制。

直至1992年7月国务院颁布《全民所有制工业企业转换经营机制条例》，

规定了企业可以自由选择雇用类型及劳动合同,合同当事人必须遵守相应的权利和义务。在确立企业为独立经济单位的同时,自主雇用也得以实现。

1994年7月5日召开的第八届全国人民代表大会第八次会议通过《中华人民共和国劳动法》,并决定于1995年1月1日起正式实行。根据《劳动法》第二十七条,"用人单位濒临破产进行法定整顿期间或者生产经营状况发生严重困难,确需裁减人员的,应当提前三十日向工会或者全体职工说明情况,听取工会或者职工的意见,经向劳动行政部门报告后,可以裁减人员",这是法律条文中首次涉及企业可根据经营状况自主解雇员工。第三十一条规定,"劳动者解除劳动合同,应当提前三十日以书面形式通知用人单位",劳动者亦可以主动辞职。劳动法在保障劳动者自主择业的同时明确规定了企业可以自主雇用,为确立与市场经济相适应的企业经营管理作出巨大贡献。

地方行政部门也在考虑本地现状的基础上,依照劳动法进行了政策指导。1995年3月,张家市劳动局公布了张家市劳动局劳动合同制全面实施中相关问题的处理意见,对企业雇用体制改革的具体执行措施给予指导。劳动合同的期限细分为三类,即"明确约定合同期限、不明确约定合同期限、以一定工作量为合同期限",对于已经在岗的正式员工,"距离退休年龄10年以内的老职工,或者在同一用人单位连续工作满10年以上的劳动者,如果劳动者提出订立无固定期限的劳动合同,可以签订无固定期限劳动合同"。关于员工加入社会保险时的保险费用,各企业可根据经营状况自主决定。

同年3月,张家市劳动局发布了张家市劳动局城市农村和劳动力管理的相关通知,在劳动力管理制度化的同时,还提出了如下方针:无论劳动者户口在城市或者农村,企业可以根据雇用时的实际情况自主决定是否予以雇用。

劳动力伴随着市场经济的渗透而逐渐走向商品化,劳动市场逐步形成。企业的劳务管理也因为自主经营的确立而发生巨大变化,不断向制度化的方向进展。张瓷公司在上述社会背景中,雇用状况的变化如下。

2.2 张瓷公司的雇用情况

追求人才的有效利用是劳务管理的出发点,而且其最重要的方面即尽可

2 企业雇用体制的市场化转型

能雇用优秀人才。员工的雇用包括招聘和遴选方法,是公司提升自身形象的措施之一,因而需要综合改善劳动条件等方面进行考虑,对照劳务管理的目标合理组织活动。在雇用时,首先需要确定的是目标和标准。这需要结合之前的雇用,并且以企业今后的经营理念和方针为基础,明确所需员工的种类、能力、经验和性格,以及将来正确使用的基本方向和雇用类型。其次应考虑私人招聘、直接招聘、委托招聘等招聘方法,在此基础上设定遴选标准。而这些必须以自由劳动市场的存在为前提。

伴随企业自主经营的进展,张瓷公司的自主雇用制度也逐渐确立。与此相对应,员工的选拔及雇用标准的设定,劳动合同制的实施和雇用制度化均属于张瓷公司的劳务管理特色。

2.2.1 自主雇用的确立

张瓷公司始建于1992年,最初的员工基本上属于正式员工,总数不足50人,但随着生产规模的不断扩大,至1998年7月时员工总数已达到180人。关于张瓷公司1993年至1998年间的员工数量变化,如表2-1所示。

表2-1 张瓷公司的员工数量(月末的在编员工数量)(单位:人)

年月	1993	1994	1995	1996	1997	1998
1	55	120	170	172	146	170
2	56	123	170	174	144	178
3	56	125	167	171	143	160
4	60	138	163	172	140	160
5	72	140	165	169	167	153
6	88	134	171	169	178	175
7	84	111	171	170	179	180
8	92	121	160	164	178	—
9	109	118	156	164	176	—
10	123	121	151	167	175	—
11	128	130	158	145	185	—
12	130	154	162	147	169	—
平均	88	128	164	165	165	—

资料来源:根据张瓷公司劳务管理资料制成。

变革的内在动力——社会转型中的企业劳动关系分析

自 1993 年起，产品受到广大消费者欢迎的张瓷公司生产规模持续扩大，员工总量不断增加。但也存在根据市场变化调整生产的时期，此点可通过员工数量的动态变化看出。截至 1997 年 4 月，员工总量未曾达到 150 人，6 月以后每月均接近 180 人。尤其是 11 月更是增加至 185 人，为 4 月员工总量的 132%。从上述数据可以知道，企业根据生产状况决定短期员工的增减，这也显示了张瓷公司雇用制度的自主性。

1993 年，伴随生产规模的扩大，员工数量的不足成为严峻的现实问题。同年 9 月，张瓷公司制定《雇用短期合同工的暂行规定》以确保生产，并且开始摸索根据生产状况自主雇用短期合同工。受此规定影响，1993 年 12 月的员工总数增加至 130 人，为年初 55 人的 2 倍多。短期合同工的暂行规定包括总则、雇用条件、待遇、管理制度、附则等，明确规定了短期合同工的雇用标准。

雇用条件的规定内容为："凭本人身份证或当地政府的介绍信在公司登记，试用前需交纳 400 元押金。试用时间为 1 至 3 个月，合同期限为 2 年，合同期满押金返还本人，未通过试用期者不予雇用，押金返还本人。"

待遇的具体规定为："试用期间每天工资为 5 元，根据个人情况可有相应的技术补贴，试用期间公司提供劳动保护用具，签订劳动合同后适用公司的工资制度；短期合同工除不能报销医疗费以外，其余福利待遇与正式员工相同。请病假时扣除当天工资，因私请假时处理方法同正式员工。"

公司还制定了关于自主雇用的相关决定：只要不违反国家政策和控股公司相关制度，可以根据陶瓷行业特征及本公司工作岗位状况，自主雇用短期合同工，且不受户口限制。关于暂行决定的修改、补充和实施时间的说明为："本规定于 1993 年 9 月 21 日由科长以上管理层会议讨论制定。规定中未包含的一些事项由公司领导层临时决定，对于需要完善的规定可予以补充。如试行期间无重大问题，本规定作为公司的正式规定。试行时间从 1993 年 9 月 22 日开始。"在短期合同工雇用方面，张瓷公司享有决定权，可进行自主雇用。

在雇用类型方面，通过试用期的员工需要与公司签订劳动合同，不签订合同则不能雇用。1993 年以后，张瓷公司主张通过劳动合同制度的实行，构建适应市场经济的新型公司员工关系。虽然这些措施的对象为短期合同工，但企业可以制定详细雇用规定本身就是一个很大的进步，显示了随着自主经营的确立，企业在进一步重视适合生产状况的自主雇用，劳务管理的制度化在稳步发展。

另一方面，1993 年的暂行规定还包括以下内容："短期合同工在交纳押金

2 企业雇用体制的市场化转型

之前不可以工作,违反公司制度时按照有关规定进行处罚,有性质恶劣的错误时予以开除,押金不予返还;单方面毁约视为自动离职,押金不予返还。"类似条款还有很多,可以看出,张瓷公司虽然希望通过劳动合同确立雇用关系,但其本质仍属于员工管理的一环,尤其是限制员工自由辞职方面仍需改善。

伴随企业改革的进展,自主雇用的制度化进程在加快,张瓷公司也采取了适应生产状况的雇用方法。进入1997年后半年以后,生产规模的扩大和国内市场低迷导致产品大量积压,扩大国内市场提高销量成为重要课题。为适应此种情况,1997年12月2日,张瓷公司决定招聘20名销售人员。招聘条件及待遇如下:

> 招聘人数:男15名,女5名,合计20名。
> 招聘条件:
> 1. 年龄:男,23~33岁;女,22~28岁,均要求两年以上相关工作经验。
> 2. 中专及同等学力者,经济、经营和外语等文科背景的毕业生优先。
> 3. 身高适中,性格开朗。
> 4. 为张家市户口。
> 5. 有销售经验者、下岗职工和工作积极且能力较高者优先录用。
> 待遇:
> 1. 试用期为三个月,合格后签订一年合同,合同期满后可根据需要续约。
> 2. 基本工资为500元。但可以选择根据销售业绩进行提成。
> 考试:12月5日至10日,每天下午2点至4点半进行考试。

考试由两部分组成,首先为笔试,其次为经理和部门负责人主持的面试。笔试主要考查应聘者销售方面的基础知识、思考方法和今后的计划,共计20个问题。问题简单总结如下:销售基础知识的问题,"优秀的销售人员需要具备什么样的素质,如何成功销售,消费者、销售代理和厂家的思考方式有何不同,你如何理解'顾客就是上帝',如何把握消费者心理?请陈述对张瓷公司产品和公司本身的希望";应聘者思考方式方面的问题:"工作不顺利时如何应对,关于上下级之间的关系有何想法,请对张家市的优劣势进行分析,心情不好时，你重视从自身找原因还是从外部找原因？你如何看待金钱？一时无法理解公司的方针，或者自身利益受影响时如何处理"；最后是"请简单陈述你今后的计划"。

伴随市场经济体制确立进程中的雇用制度改革，张瓷公司在雇用时间、雇用条件、招聘人数和劳动待遇等方面已可以自己决定，逐渐进入了自主雇用阶段。

2.2.2 全面导入劳动合同制

1. 导入个人劳动合同制

在1992年张瓷公司设立之初，员工主要来自总公司的特殊材料公司，原属于国有企业的正式员工身份保持到了1995年年底。新雇用的正式合同工和短期季节工也全部签订了劳动合同，在福利待遇方面现存在一定差异不影响其作为合同员工的地位。依照1995年起正式实施的劳动法，对于在编的正式员工在考虑年龄和工龄的同时导入了合同制，合同明确规定了公私双方的权利和义务，朝着确立适应市场经济的雇用关系迈出了重要的一步。

张瓷公司的劳动合同包括如下内容：雇用后的试用期、工作岗位的分配、培训、劳动时间、工资、福利待遇、劳动纪律、奖罚等，明确规定了企业和员工双方的权利和义务。1996年1月，张瓷公司依照此合同与145名员工签订了为期三年（1996年1月至1999年1月）的劳动合同。

张瓷公司劳动合同

张瓷公司（以下称为甲）为中港的合资企业，招聘＿＿＿＿（以下称为乙）为甲的合同职工，于＿＿＿年＿＿＿月＿＿＿日签订此合同。

第一条　乙方工作部门＿＿＿＿＿＿＿职位（工种）：＿＿＿＿＿＿＿

第二条　试用期：乙方被雇用后，须经过＿＿＿＿＿＿个月的试用期。在试用期内，任何一方均有权提出终止合同，但需提前30天通知对方。如甲方提出终止合同，须付给乙方半个月以上的平均实得工资，作为辞退补偿金。试用期满时，若双方无异议，本合同即正式生效，乙方成为甲方的正式合同制职工。

第三条　工作安排：甲方有权根据生产和工作需要及乙方的能力、

2 企业雇用体制的市场化转型

表现,安排调整乙方的工作,乙方须服从甲方的管理和安排,在规定工作时间内,按质按量完成甲方指派的任务。

第四条 教育培训:在乙方被聘用期间,甲方负责对乙方进行职业道德、业务技术、安全生产及各种规章制度的教育和训练。

第五条 生产、工作条件:甲方须为乙方提供符合国家规定的安全卫生的工作环境。

第六条 工作时间:乙方每周工作不超过6天,每日工作不超过8小时(不含进餐时间)。如因工作需要加班加点,甲方应为乙方安排同等时间的倒休或按国家规定的标准向乙方支付加班加点费(计生产数量的员工主动加班时间不计算入内)。

第七条 劳动报酬:甲方每月按本公司规定的工资形式和考核办法确定乙方的劳动所得,并以现金形式(人民币)支付。

第八条 劳动保险待遇:甲方按照国家劳动保险条例的规定为乙方支付医疗费用(参照张瓷公司1996年医疗费管理规定)、病假工资、伤残抚恤费、退休养老金及其他劳保福利费用。乙在元旦、春节、五一劳动节和国庆节期间7天的带薪休假(其他情况参照张瓷公司1996年的工资制度)。

第九条 劳动保护:甲方根据生产和工作的需要,按国家规定向乙方提供劳动保护用品和保健食品。

甲方按国家规定在女职工经期、孕期、产褥期、哺乳期对其提供相应的劳动保护。

第十条 劳动纪律:乙方应遵守国家的各项法律规定及甲方的各项规章制度。

第十一条 奖惩:甲方将根据乙方的工作态度、劳动表现、贡献大小,按照本公司奖惩条例给予乙方物质和精神奖励。乙方如违反法律或者甲方的其他规章制度,甲方有权给予乙方处分。乙方如触犯刑律受到法律制裁,甲方将予开除,本合同自行解除。

第十二条 合同期限:本合同自签订之日起生效,有效期为____年,于____年____月____日到期。

甲方代表签名(盖章)____　　乙方员工签名(盖章)____
　　____年____月____日　　　　　____年____月____日

本劳动合同与1993年的《短期合同工雇用暂行规定》相比，在合同事项和奖惩措施方面均有详细规定，逐渐成熟。

首先，在正式雇用员工之前设试用期，试用期间双方均有解除合同的权利，前提为提前30天通知对方，如解除合同由公司方提出，相应工资须全额发放。规定指出若试用期满双方无异议，本合同作为正式合同生效，员工成为公司的正式合同职工；总之试用期间企业和个人均可提出终止合同，劳动合同的签订需要双方的同意。

其次，关于企业的义务，教育培训规定"在乙方被聘用期间，甲方负责对乙方进行职业道德、业务技术、安全生产及各种规章制度的教育和训练"，在生产、工作条件和劳动保护方面"甲方须为乙方提供符合国家规定的安全卫生的工作环境，甲方根据生产和工作的需要，按国家规定向乙方提供劳动保护用品和保健食品。甲方按国家规定在女职工经期、孕期、产褥期、哺乳期对其提供相应的劳动保护"，关于工作时间和工资"乙方每周工作不超过6天，每日工作不超过8小时（不含进餐时间）。如因工作需要加班加点，甲方应为乙方安排同等时间的倒休或按国家规定的标准向乙方支付加班费（计生产数量的员工主动加班时间不计算入内），甲方每月按本公司规定的工资形式和考核办法确定乙方的劳动所得。以现金（人民币）向乙方支付工资"，劳动保险待遇"甲方按照国家劳动保险条例的规定为乙方支付医疗费用（参照张瓷公司1996年医疗费管理规定）、病假工资及其他劳保福利费用"。

本劳动合同涵盖面广，明确规定了针对员工的教育培训、劳动环境和劳动保护、劳动时间、工资、保险等很多方面的义务，改变了一直以来的企业中心的雇用关系，属于弱势群体的员工的利益得到了保护，与市场经济中企业的自主经营均将员工和公司放在同等位置，劳动雇用关系的健全指日可待。

2. 恢复集体劳动合同制

中国的集体劳动合同制开始于20世纪20年代。在1949年11月，中华全国总工会通过了《关于私营工商企业劳资双方订立集体合同的暂行办法》，详细规定了集体劳动合同双方的合同内容、原则、手续和期限等内容；1950年6月，政府颁布了《中华人民共和国工会法》，该法第五条和第六条规定：工会在国企及私企中代表劳动者参与企业的生产和经营管理，经过交涉和协议签订集体劳动合同。但是自1957年始，公有制经济体制的确立进程中劳动合同逐渐受到轻视，企业的集体劳动合同制在事实上已经停止。

2 企业雇用体制的市场化转型

1979年改革开放以后，集体劳动合同制逐渐得到了恢复。1983年10月23日，中国工会第十次全国代表大会通过了新的《中国工会章程》，规定企业工会可代表本企业员工与管理者签订集体劳动合同。1986年9月15日国务院颁布的《全民所有制工业企业职工代表大会条例》第九条明确提出，厂长作为行政代表，工会作为员工代表，两者可以签订集体劳动合同或共同协议。随着私企的发展，国务院于1988年6月25日公布了《中华人民共和国私营企业暂行条例》，规定私企中的工会代表员工支持企业的生产经营活动，保护员工的合法权益，有权与企业签订集体劳动合同。

1994年12月5日，劳动部通过了《集体合同规定》，详细规定了集体劳动合同的原则、内容、期限、审查管理、争议的处理等方面内容。

如上所述，随着市场经济体制的确立，政府在推进集体劳动合同制度的导入。但因为工会组织作用不断发生变化，很多地区的集体劳动合同制仍处于试验阶段。

在很长一段时期内，中国企业工会的设置和运营均出于政治需要。因为企业属于国家所有，经营方与工会均被认为代表着企业所有者——即员工的利益，工会一直作为经营的辅助形式开展活动。另一方面随着1978年后改革开放的深化，工会逐渐失去了其存在的作用。这也意味着工会必须适应市场经济体制的确立，进行方向转换。企业自主经营的程度愈高，保护劳动者利益的工会愈显重要。在张瓷公司所属的河北省，截至1996年年底共有6758家公司试行集体劳动合同制。试行企业约占全省企业（包括乡镇企业）共计43705家。① 占总量的15.5%。

在1993年张瓷公司设立之初，公司按照行政管理规定设置了工会，并将相当于全体员工工资总额2%的资金作为活动经费。但随着企业的改革进程推进，调查现时只有一名女性职工兼任工会事务，主要内容仅限于劳保福利产品的发放和文体活动的组织，工会的功能几乎处于停滞状态。所以，张瓷公司集体劳动合同制几乎没有实行，主体雇用制度仍为企业和员工的个人劳动合同制度。

3. 雇用类型

1996年全民劳动合同制的实施使所有员工变身为合同工人，但因为合同

---

① 河北省经济年鉴——1997年版，第568~569页。

企业变革的内在动力——社会转型中的企业劳动关系分析

期限和劳保福利待遇仍存在差别，员工的实际雇用形式仍存在多种不同类型。在张瓷公司具体分为正式合同员工、短期合同员工、实习生员工等三类。

第一，正式合同员工。

伴随着企业内部劳动合同制的全面实施，原来的正式员工通过签订合同成为了正式合同员工。合同期限由企业和员工协商决定，可在双方同意的基础上签订无固定期限合同或者固定期限合同。对于正式合同员工，企业保障其在合同期间的工作，解雇等处分也受到一定条件的限制。此外，正式合同员工的医疗补助和有薪休假等劳保福利均维持以往水平，虽与其他员工同属合同工，其待遇却相对较好。张瓷公司的正式合同员工具体划分为一般员工和管理者两大群体，两者执行不同的工资体系。

张瓷公司在招聘现场生产者时，主要以张家市及在周边居住的城市劳动力为主，技术工人和管理者的招聘则在以河北省为中心的更广泛区域展开。

在招聘开始之前，张瓷公司首先将包括雇用人数、工种和待遇等的雇用计划提交至所属劳动管理行政部门，征得同意后通过职业介绍所进行公开招聘。根据生产状况为有用人需求的岗位招聘，所以在招聘时岗位已分配完毕，而技术工人和管理者除通过职业介绍所以外，还可以通过内部招聘或者刊登招聘广告。

1998年1月15日，张瓷公司为招聘员工的教育培训人员刊登了此则广告。

招 聘

张瓷公司招聘有经验的教育培训人员。人数：1名。

条件及待遇：需有张家市城市户口，中专以上学历，值得尊敬。应征者需有员工教育培训经验，可胜任并完成业务，年龄不限，男性优先。月工资500元。

联系人 张某 联系电话：××××

张瓷公司
1998年1月15日

如招聘广告所示，应征者除需中专以上学历和值得尊敬的人格以外，还需要张家市户口。中国长期以来将国民分为城市户口和农村户口两部分，分

2 企业雇用体制的市场化转型

别定居在城市或者农村。户口的变动受到严格的限制，尤其体现在农转非的难度上，因此，人们的劳动流动也受到了很大的限制。随着经济改革的进展，此种限制虽在逐步缓和，但仍未彻底解除。在这种情况下，企业为防止因雇用引起员工流动，一直采取雇用本地劳动力的方式。

而且，通过张瓷公司从外部"招聘有经验的教育培训人员"，可以看出张瓷公司的领导者已逐渐认识到员工素质是企业竞争力之本，开始重视员工的职业教育培训。

雇用时间虽然集中在学生普遍毕业的 7 月，但根据生产状况全年均可招聘，一般要求有一定学历和工作经验。

具体选拔因工种和职务而异，张瓷公司主要包括笔试、面试和体检等重要环节。其中上司和领导主持的面试起决定性作用。雇用正规合同员工的试用期为两个月，试用期工资固定为每月 400 元（1997 年标准）。固定工资因从事工种及职务而异，管理层的工资略高。试用期满合格者与公司签订劳动合同，决定正式雇用。截止到现在，试用期的员工基本上如期转正。

以下为张瓷公司一位正式合同员工的就职经历。该员工为男性员工，现年 35 岁。1981 年 7 月毕业于工业中专，服从政府对中专毕业生进行的工作分配到张家市的陶瓷企业就职。从事 1 年车间实习以后，1982 年调至技术科担任管理职务。1991 年到总公司就职，1992 年随着张瓷公司的设立转入并担任领导职务。截至 1995 年一直属于正式员工，随着劳动合同制的全面导入，1996 年始与企业签订劳动合同，成为无固定期限的正式合同员工。

该员工谈道："1981 年由国家分配工作，虽然省去了求职应聘时公司的严格雇用考试，却不能按照自己的兴趣选择喜欢的公司及工种。另一方面，就职后的工作调动很困难，1991 年的调动非常不容易。"此外还说，"自从以劳动合同的形式与公司确立雇用关系以后，以前铁饭碗的稳定感没有了，感觉不努力就会被解雇"，可以从中看出随着雇用制度化的进展，员工的意识逐渐发生变化。

第二，短期合同员工。

短期合同员工是根据公司的生产状况雇用的员工。工作内容和工资与正式合同员工无大差别，但在工作保障和劳保福利方面则有很大不同。短期合同员工基本上属于现场工作人员。

短期合同员工以张家市周边地区的农村劳动力为主，根据企业的生产情况全年雇用。合同期满后也有续约的情况，新雇用时有经验者优先雇用。

在招聘开始之前，首先将包括雇用人数、工种和待遇等的雇用计划提交至所属劳动管理行政部门，征得同意后通过职业介绍所进行公开招聘，但与正式合同员工的雇用相比较，劳动行政部门的管理也相对较为宽松，实际雇用时员工介绍的内部招聘占到了大多数。

具体选拔因工种和职务而异，主要包括笔试、面试和体检等重要环节。试用期限因个人的熟练程度不同而异，基本上为2~4周，在试用期间按照公司分配接受熟练工人指导，做见习工。见习期间每天10元（1997年水平）工资，见习结束后，由直属上司和生产部长以个人的熟练度及业绩为标准进行评定，以判断雇用与否。合格者与公司签订短期劳动合同，称为短期合同员工。不合格者被辞退。

接受访谈的一位短期合同人员介绍到，在1994年雇用以前他在距离张家市50公里的Z县务农，通过在张瓷公司工作的亲戚介绍于1994年3月与公司签订2年的劳动合同。其入职以后属于车间现场工作人员，因管理陶瓷烧制表现突出，1996年合同期满后续约。该员工现在除春秋农忙时节短期请假以外，其余时间均在张瓷公司努力工作。

第三，实习生员工。

张瓷公司接受中专等在校生的实习，最多时比例曾超过员工总量的15%。实习期限为一年，期满后在双方同意的基础上，实习生可以来公司就职。在签订劳动合同以后，实习生成为公司的正式合同员工。实习期间，公司视情况支付一定费用。此时期在学生看来属于求职活动的一环，在企业看来属于员工雇用前的试用期。

为明确实习生的管理，张瓷公司于1997年5月21日制定《实习生待遇的相关规定》。

在实习生的相关规定中，原则上重视实习生的工作熟练度和工作完成情况，通过现场实习实现教育和生产的兼顾。规定实习初期"公司每月最低付给实习生100元的生活补助"，以营造一个安心的实习环境。

关于实习生的生产量制度的实施，规定"可以进行生产量统计时，从5月开始工作的50%计入生产量（100元生活补助包括在内），6月起完全执行生产量制度，并停止100元生活补助的发放。报酬待遇和正式合同员工相同"，主张随实习生的技术水平不断提高，逐步实施生产量制度。

2　企业雇用体制的市场化转型

此外还规定："短期内不能熟练的岗位，由现场负责人评定其学习态度和学习效果等，每月给予50元及以下的奖励。根据其熟练情况确定制度的执行时间，合格的时候应采取100%生产量制度"，可以看出领导层努力引导实习生之间进行竞争。

规定中还包括以下内容："每天均存在奖罚，待遇同正式员工。如因工作需要变更工作岗位，月末综合各岗位的工作成绩确定报酬。各部门进行严格考核，如现场负责人判定其实习期间表现不合格，可送归学校"，可以看出对实习生的考核也与正式员工一样严格。

从张瓷公司给予实习生的待遇和规定整体看来，虽然也存在劳动条件和劳保福利不够明确，以及评价标准过于主观等需要改善的地方，但就其针对不同雇用类型的员工分别制定明确的雇用制度来看，张瓷公司为适应市场经济发展的要求，不断努力完善雇用制度和劳务管理制度。

1997年4月，张瓷公司接收了来自轻工业技术学校的43名实习生。随着1998年11月20日合同期满，张瓷公司向总公司提出申请"轻工业技术学校陶瓷工艺专业的43名学生于1997年4月起来我公司实习，现已期满通过公司的考核，且学生本人也希望成为公司的一员。实习生通过一年多的实习得到了锻炼，取得了很大成效，他们身心健康，素质优良，可以为公司发展作出很大贡献。因此，特申请将实习生转正，合同期限定为3年（从在合同上签字之日算起）。请讨论决定"的报告书，表明了将实习生雇用为正式员工的意向。后来，此雇用计划得到总公司的认可，共计41名实习生签订了劳动合同，合同内容如下：

张瓷公司（以下称为甲）为中港合资企业，招聘＿＿＿（以下称为乙）为正式合同职工。

第一条　劳动合同期限为1998年11月20日至2001年11月20日。期满合同自动解除，如有需要可以续约。

第二条　甲方有权根据生产和工作需要及乙方的能力、表现，安排调整乙方的工作，乙方须服从甲方的管理和安排，在规定的工作时间内，按质按量完成甲方指派的任务。

第三条　在乙方被聘用期间，甲方负责对乙方进行职业道德、业务技术、安全生产教育和训练。如有必要可以调整乙方的工种和职务。

> 第四条　乙方遵守国家法律及甲方劳动纪律，甲方负责监督乙方的劳动态度，按规定进行奖励，处罚甚至劳动合同的解除。
>
> 第五条　乙方如违反法律或者甲方的其他规章制度，甲方有权给予乙方处分。乙方如触犯刑律受到法律制裁，甲方将予开除，本合同自行解除。
>
> 第六条　甲方每月按本公司规定的工资形式和考核办法确定乙方的劳动所得，并以现金形式（人民币）支付。
>
> 第七条　其余福利待遇按照公司规定执行。
>
> 第八条　劳动合同期满后，甲方或者乙方任意一方需要终止合同时，须提前15天通知对方，乙方不可在未得到甲方同意的情况下私自解除合同。
>
> 本合同期满自动解除。合同有效期自双方签字之日起三年。
>
> 甲方代表签字（盖章）：____　　乙方员工签字（盖章）：____
>
> ____年____月____日　　　　　　____年____月____日

合同包括"员工需遵守企业劳动规定，服从企业的岗位安排及调动，规定的工作时间内需按质按量完成甲方指派的任务义务。同时，也明确规定了企业的相应义务，比如对于员工的教育培训，劳保福利的确保和工资制定及支付等。尤其是设定了合同期限为1998年11月至2001年11月的3年，规定合同期满自动解除，公司可以根据公司情况进行续约，'固定工'（终身雇用）不复存在，市场经济体制下新型的雇用制度正逐渐确立"。

第四，其他雇用类型。

张瓷公司根据生产情况对重要人员（尤其是管理者）灵活管理，进行特别员工的招聘。其待遇不适用公司的一般工资制度，而是由以总经理为中心的领导层判断决定，其报酬因职务不同有异，大体说来高于一般正式合同员工。根据生产情况和专家能力，分为专题招聘、短期和长期招聘。

在张瓷公司所在的张家市周围有很多生产精密陶瓷的企业，其常年生产培育出了很多熟练工人，1993年至1995年，张瓷公司员工技术和技能水平尚低，为保证生产的顺利进行，张瓷公司从周边同类企业短期招聘了技术员和熟练工人对本公司员工进行教育指导。技术员大部分为退休人员，只有一部分仍然在岗。1994年夏，天气变化导致烧制过程中问题频发，公司从张家市

2 企业雇用体制的市场化转型

宣化某陶瓷工厂请来 2 名专家,调整烧制工序、燃料和温度等,进行了彻底的观察和分析。通过 2 周的努力,不但发现了品质问题的原因所在,还全面改善了烧制工序。而每个专家的报酬均相当于他们每月工资的 2 倍。这种短期招聘在张瓷公司运营初期时有发生。

此外,对于能力很高的管理者以及技术员,招聘地区不再局限于市区,雇用期限也得到了延长。1994 年,河北省保定市的阎某被招聘进厂担任管理者。他是总经理在工业学校时期的同学和朋友,1981 年毕业后被河北省轻工业厅分配到保定市陶瓷企业,随后历任技术管理职务和生产管理职务,1989 年升任主抓生产和技术管理的副厂长。1993 年,保定市陶瓷企业经营不善,他在公司被其他企业收购之前辞职。1994 年,总经理在征得总公司同意的前提下聘任他为特别管理者。他最初担任了张瓷公司的技术开发职务,因能力突出而升任副总经理,全面负责技术开发、生产和销售。

根据张瓷公司 1996 年的工资制度,关于副总经理的工资及职务的规定为,"副总经理全面负责生产管理、产品开发、安全警备、品质管理、设备管理、产品包装、装饰及发送"。阎某的工资不适用公司的工资体系,而是由总经理的判断决定。1996 年普通职工的平均月收入为 346.75 元,而其工资则为每月 1000 元,除此之外,年底有奖金,在公司内的食宿由张瓷公司负责。1998 年 7 月,除阎某以外还招聘了其他的特别管理者,如技术负责人任某(总经理原上级,国营精密陶瓷工厂副厂长,退休),生产管理负责人刘某(总经理原同事,国营精密陶瓷工厂的车间生产主任),他们都是总经理可以信赖的顾问及良好的合作伙伴,待遇基本上相同。

如上所述,张瓷公司根据生产情况招聘了特别员工和管理者,他们名义上属于员工和管理者,实际上得到了更多的信赖,位高权重,参与企业的经营管理,有着巨大的影响力。这些政策对于当时的张瓷公司而言不可或缺,共有雇用管理的特征。

2.3 强化服务规则

自从 1993 年正式运营以来,张瓷公司为确保经营管理秩序制定了管理者管理规定和员工规则等各种管理制度,以严格管理员工和管理者。在此对服务规则的分析从以下三点入手:强化岗位管理、整顿就业规则、品质重点管

理，重点分析张瓷公司的现状及其变化。

2.3.1 强化岗位管理

企业组织属于集体生活，员工的服务规则在保证生产经营活动的稳定性方面发挥着重要的作用。1995年，张瓷公司应市场上扩大的消费者需求扩大产量，但随着生产规模的扩大，如何强化公司经营管理成为一个重大课题。为保证生产经营的轨道化发展，张瓷公司的经营者整理整顿了岗位管理规定和奖罚条例，各领域的管理均朝制度化方向得到了加强。1995年12月4日，公司制定了《岗位管理相关规定》，决定对车间岗位卫生和作业情况定期进行检查监督。

岗位管理的具体规定包括，对车间岗位进行每周1～2次的不定期巡视，检查结果的累积得分作为当月岗位管理的评价标准，按规定于当月取得第一名的岗位发100元的奖金，分数不满90的岗位扣工资50元。检查时间为10：00～11：30、15：00～16：30，对于在检查过程中发现问题或者长期不能达标的岗位和个人，每次扣工资5～10元。负责区域应明确至个人，因责任不明发生问题时，视为车间主任的责任。

张瓷公司很早以前就制定了岗位管理的相关规定和标准，但因未全面贯彻执行，事实上没有发挥作用。但此次规定了每周均需定期巡视，而且检查结果和收入挂钩，明确了奖罚规则，扩大了制度执行的效果。

2.3.2 加强就业规则

1996年，张瓷公司为适应生产规模扩大和员工数量增加而努力健全经营管理，以通过规范化管理进一步提升管理者素质，于同年2月制定了《1996年管理者奖罚条例》加强员工管理。

《1996年管理者奖罚条例》的第一条明确了条例的考核办法。考核的实施分为两个阶段，第一阶段为主管上级对所管管理者的考核，第二阶段为考核小组对管理者的考核，考核小组的负责人为总经理，成员包括副总经理和各车间科长。

第二条明确规定了考核管理者日常业务的标准。关于加班和业务外工作有如下规定，"截至当月末，累计加班时间超过48小时奖励10元；参加业务外工作两次以上者，奖励10元；积极分担本职岗位外的临时工作且圆满完成,每月3次以上者奖励20元,每月5次以上者奖励30元"。关于业绩的规定为:"业绩表现良好,直接经济效益1000元以上时奖励30元,每月的得分超过95分时奖励20元,得分超过92分时奖励10元。提出合理建议并被采用的,每次奖励10元,对公司有重大贡献者设置了50~100元的各种奖励事项",而工作失误时的处罚亦有明确规定,例如"本职岗位上发生的错误,每次扣除3元,直接损失超过1000元或给公司造成不良影响时,扣除20元,对于本职岗位外的工作失误,每次扣除1元;因本人能力或经验不足而造成一般失误,扣除10元,因本人努力不足或不注意带来损失,扣除工资20元。因人为原因给公司带来损失扣除工资50~100元,在工作完成方面有不当行为时,需处罚考核人员和考核小组;上司的决定或指示有错误时,给予适当处罚并在公司内部公布;未完成工作的各项指标时,扣除10~50元"。

第三,考核结果与工资挂钩。当月业绩一般且工作中未出现失误时,支付技术工资,各项工作均达标则奖励10~100元,对公司有特别贡献者奖励10~100元;考核小组完成的当月管理者考核表作为发工资时的参考,日常业务的结果与管理者工资挂钩。

张瓷公司自从实施管理者奖罚条例以来,为进一步强化企业的生产经营秩序,于1996年5月制定了以全体员工为对象的《1996年规范化管理规定》。

在工作时间方面,公司早餐时间截止到8:10,超过者视为迟到,每次扣除工资1元;现场工作的开始时间(或准备工作的开始时间)不得晚于8点20分;管理者和负责人迟到或早退时,根据相关规定进行处罚;现场工作人员迟到或者早退时,由副总经理视情况进行处罚,规定保安为执行监督。此外,如管理者和现场工作人员在正常工作时间擅自离岗谈论工作之外的事情时,每次扣除工资2元;在工作期间非规定时间内淋浴者每次扣除工资2元;管理者和负责人因公外出而未在黑板上写明目的地和时间,每次扣除工资1元,这些规定有助于加强工作时间的管理。

关于在岗期间的行为举止,明令禁止管理者及负责人坐在办公桌上;禁止现场工作人员坐在机械设备及工作台上;禁止现场工作人员在工作期间抽烟。违反者每次扣除工资5元。穿拖鞋上岗者每次扣除工资1元,无正当理由不穿工作服,尤其是夏天在工作期间不穿上衣者每次扣除工资2元,工作日午休时饮酒者(公司特别允许的情况除外)每次扣除工资5元,工作期间饮酒者每次扣除工资10元,在工作岗位发生争执者,每次各扣除工资10元。

关于上下级之间的关系有严格规定,原则上每个员工应该与直接上司谈论工作上的事情(检举除外)。对违反者应口头提醒注意,错误重大时通报批评,侮辱上司者每次扣除工资 20 元,殴打上司者每次扣除工资 100 元,侮辱下级者每次扣除工资 50 元,超过正当防卫殴打下级时,每次扣除工资 200 元。

关于工作态度的规定为,"应愉快地接受工作并按时完成,对违反者给予指导提醒;接受本职外工作应定时定量完成,发生问题时视为接受者的责任;工作应与相关部门协调合作,因协调不善发生问题时,副总经理负间接指导责任,合作双方负直接责任"。

未经公司允许让无关人员进入生产区域者每次扣除工资 5 元,在厕所外大小便每次扣除工资 50~100 元,翻墙进入生产区域每次扣除工资 10 元,工作日午休期间打扑克或者下象棋每次扣除工资 5 元,工作期间打扑克或下象棋每次扣除工资 10 元,在工作期间做私事(洗工作服除外)每次扣除工资 5 元。

张瓷公司在服务规则方面明确设定了详细的奖罚标准,管理在不断朝着制度化的方向发展。但另一方面,规范化管理规定共包括 33 个项目,大部分均属于处罚规定,而且员工在违反劳动纪律时多数情况下会受到"扣除工资"的处罚。在员工的管理方针方面,明显感到强制性的他律部分多于自律,从这点来讲,张瓷公司虽然也在进行劳动纪律的制度化,但主要偏向了经营者通过工资奖金等手段全面控制员工的行动。

2.3.3 品质管理

1994 年起张瓷公司的生产规模随着消费者需求的增加而扩大,销售市场也从国内的上海、北京、广州等大城市扩大到了中国香港、马来西亚、新加坡和日本等国家和地区。表 2-2 所示为 1993~1998 年间的经营状况。

表 2-2 张瓷公司的年度利润表(单位:千元)

年月	1993	1994	1995	1996	1997	1998
1	—	-72.9	-79.2	67.3	12.9	-114.2
2	—	-49.9	-158.7	89.3	13.2	-7.2
3	—	-130.8	135.6	10.6	-15.8	-128.6
4	—	-73.7	32.1	66.3	0.4	-159.0
5	—	-57.9	-169.1	19.9	3.1	—

2 企业雇用体制的市场化转型

续表

年月	1993	1994	1995	1996	1997	1998
6	—	18.1	18.4	35.2	32.8	-7.1
7	-10.0	28.0	61.3	17.7	1.2	-71.5
8	-18.8	27.4	26.4	9.9	8.5	-10.1
9	-33.4	1.8	42.8	25.4	1.2	-54.4
10	-73.4	8.9	200.7	2.3	2.7	-5.5
11	-61.1	22.6	52.2	24.8	3.1	—
12	0.6	89.9	10.0	-42.9	-45.3	—
利润合计	-196.4	-228.8	254.5	266.2	17.8	—
在库合计	844.8	1867.7	2397.3	4223.8	5036.6	—

注：张瓷公司自1993年7月投入运营。表中的"-"代表亏损。
资料来源：根据张瓷公司的统计制成。

张瓷公司自1993年7月正式运营以后，亏损经营一直持续到了第二年的5月。至1994年6月开始出现盈利，经营管理也不断得到改善。虽然随着社会环境和公司经营变化也出现过亏损，但从包括在库量的整体看来，可以发现公司的生产规模在逐年扩大。

1997年以后随着产品出口量不断增加，产品品质的提高成为公司的中心课题。为确保出口，张瓷公司的经营者采用了包括工资制度在内的多种劳动管理措施，以促进产品质量的提高。这里有一则1997年1月14日的通知，为产品质量发生问题后的通知。

> 全体员工：因1996年12月时间不足等原因造成了生产整体发生问题，产品质量较平时低10%以上，影响了公司收益。为提高全体人员对于产品质量的认识，特决定以下扣除工资处分。
>
> 总经理180元　副经理150元　科长100元
>
> 副科长80元　车间主任60元　品质检查管理员70元
>
> 除以上人员之外，所有员工每人扣除工资50元（工作时间不足10天者除外）
>
> 张瓷公司
> 1997年1月14日

针对 1996 年 12 月出现的质量问题，张瓷公司采取了扣除经营管理者和一般员工工资的措施，以提高全体工作人员的品质意识。1997 年 5 月，公司制定《品质管理中心的十一条管理规定》以谋求经营管理的强化和品质的提高。

管理规定了员工工资和产品质量挂钩，主要内容如下："1997 年 5 月起，全体员工每月工资的 60% 按时发放，剩余的 40% 根据公司的产品质量支付。如产品质量低下，尤其是出口计划未完成影响公司收益时，调整剩余的 40% 工资（每人，每月），视情况予以扣除；如产品质量良好达成收益目标时，剩余的 40% 工资一次性支付，且年末视情况支付补偿金。1998 年 2 月（农历春节）之前，总经理将总结 1997 年的收益状况，清算并支付 40% 的工资。除此之外，在执行现有制度和标准的基础上制定新的适应公司发展的标准和制度，并依此管理员工的工作和行为。秉承每天考核、每天奖罚、每天执行的精神，推进标准和制度的执行。对于在标准和制度执行中作出较大贡献的管理者予以表彰，对于阻碍标准和制度执行的人员予以批评和处罚。"

当产品质量出现问题时，规定"即时组织专门小组，明确课题和目标解决问题。同样依据工作结果进行奖罚"。

在强化管理方面亦有严格的规定，"对给公司带来损失，经常违反纪律且屡次提醒处罚仍违反者；消极怠工，打消他人工作积极性者；经常不服从上级指示（与工作相关的正确指示）者；侵占公司产品者；故意损害工作进度者予以解雇，并报请总公司不予再次雇用。受罚者 40% 的剩余部分工资不予发放。对不称职的干部毫不留情地撤换，对不合格的管理者调换工作岗位或予以降职"。

关于员工的教育培训方面的规定为，"利用各种方法强化员工的教育和技术训练。对于积极学习不断进步者给予奖励，对教育和技术训练态度消极或从中阻碍者，给予停职处分。增加技能工资的比例，对于个人技能工资的评定不予说明"。

关于今后的计划，明确规定为，"根据必要继续从外部招聘有能者，以弥补本公司人才不足的状况，通过出口日本赢得国内市场的好评。在强化资金筹措的同时，加速资金回笼，明确短期计划和长期目标得以实现，努力使公司在 1998 年之前整体取得更大进步"。

1997 年 6 月，为提高决定产品质量的成型部门的半成品质量，根据成型部门的作业特征制定了《成型部生产管理规定》。根据成型部门的生产管理规定,"7月9日起,对成型部的成型责任人和补修责任人执行奖罚规定,对于责任人的工作量由专门的统计员每天进行检查,以确定每天的奖罚"。至于奖罚的具体标准,规定如下:"超额完成生产责任目标时获得奖金,未达标时则扣除工资。生产部根据生产状况提议合理的奖金和扣除工资的数额由经营者决定,对遵守上司指示且在考虑公司整体利益的基础上,积极完成业务并达成上产责任目标的优秀员工,公司另设奖金。对于克服客观条件的困难,积极配合生产管理者和品质管理者工作且完成生产责任目标的员工支付奖金;相反,对于一味强调客观条件的不完备而不积极努力的员工进行适当的处罚。"对于工作期间擅离职守或私语者给予每次10元的处罚,若8:15之前未能开始工作,现场部长和生产部长分别扣除工资50元、30元。

张瓷公司根据以上各项管理规定,从1997年5月起对管理者和员工进行了严格的考核,并予以奖励或者处罚。根据负责考核工作的总务部的总结,5月奖励总计87.00元,处罚287.5元,6月总计奖励349元,处罚500.5元,7月总计奖励2245.8元,处罚936元。以下为6~9月间处罚事例。

1997年6月15日,"6月12日8:30左右,因原料加工中操作人员未将容器盖封闭完好,发生了原料泄漏事故。为提高全体人员的注意,对以下相关人员给予扣除工资的处分。原料部现场部长:50元,副部长:45元,科长:30元,操作人员王某:45元,操作人员张某:10元。"

1997年7月9日,"7月8日早上11:20左右,赵某在成型作业期间抽烟。依据惯例规定给予其扣除10元工资的处分。"

1997年8月28日,"8月24日,张某和梁某在工作场所吵架。此行为严重违反了公司劳动管理规定,在员工当中造成了不良影响。经研究决定对当事者进行如下处分。(1)公司内部通报批评;(2)张某扣除工资50元,梁某扣除工资30元;(3)在工作地点说明清楚,并向对方道歉。"

"实习生王某,于1997年8月26日至9月4日无故缺勤10天。经研究决定停止其实习,并将其送回学校。张瓷公司,1997年9月4日。"

张瓷公司在严格执行处罚条例的同时,也有对管理者和员工的奖励。例如1997年7月9日,"产品开发部门的冯某工作认真努力,他所设计的H050号和H051号图画受到国外客户的认可,为公司作出巨大贡献。因此，奖励50元"；1997年8月30日，"李某针对公司的原料问题积极实验，开发使用较便宜的原料，特此奖励20元"；1997年9月5日，"曹某注意保持工作场合卫生，因连续取得较好名次，特此奖励30元"。此外还有1997年9月12日的表彰事例"机械维护修理部全体员工积极解决原料加工机械问题，为公司节省了将近1万元。除在公司内部通报表彰以外，特奖励此部门150元"。

1997年的管理制度在明确管理原则、检查方法和奖罚标准的同时，增加了客观性的执行标准，朝着健全可行的管理制度方向发展。而且可以看出，公司正逐渐改正以往的强制型"鞭"式管理，通过加大动力提高员工积极性，推进自律管理。

1998年6月3日，张瓷公司为维持生产的稳定性制定了《小规模突发品质事故的相关规定及处罚试行意见》。关于处罚意见制定的理由作了如下说明："少数员工品质意识淡薄，因其工作中的不注意和违规操作导致小规模突发品质事故频繁发生，造成了产品品质不稳定，甚至给公司带来巨大损失。为提高产品品质，特制定以下规定：

"根据事故的责任明确设置了处罚标准。例如，在原料加工过程中因违规操作造成500元以上损失时，从责任者工资中扣除损失额的10%；如因操作人员的不注意造成原料浪费和损失时，从责任者工资中扣除损失额的20%。因原料加工问题造成原料加工残次品率为通常水平的2倍以上时，扣除原料部20元，3倍以上时扣除50元，5倍以上时扣除100～200元。在成型作业中，因成型操作人员的违规操作造成事故时，若一次成型1类100个，2类80个，3类60个以上次品时，从其工资中扣除20～50元。因各程序中操作人员的违规操作导致所在程序残次品率为通常2倍以上时，从责任者工资中扣除10元，3倍以上时，从责任者工资中扣除30～50元。在烧制工序中，若因操作人员的过失造成损失时，从责任者工资中扣除损失额的10%。"

张瓷公司的服务规则从初期的员工一般规定起步，随着企业的成长逐渐明确了目的、标准、方法和检查，根据企业的实际情况得到了改善。初期的管理规定中，多数内容属于针对员工的处罚规则。现在的各标准中虽然处罚规则仍多于奖励规则，但从制度的变化过程可以看出，对于员工的奖励措施正显著增加。从管理规定的变化还可以发现，公司为提高员工的自律积极性改正了以往的强制性管理办法，以确立更加健全有效的经营管理方式。

2.4 员工对雇用的认识

张瓷公司在企业改革的进程中逐渐确立了自主雇用，并随着《中华人民共和国劳动法》的实施导入了劳动合同制。但另一方面因为一些历史原因的存在，从雇用期限仍可分为正式合同员工、短期合同员工和实习生员工三类。针对这样的雇用制度，员工的评价总体较好。1997年10月开展了针对员工和管理者的问卷调查，其中"是否满意稳定的雇用情况"问题的回答如表2-3所示。

表 2-3 是否满意稳定的雇用情况

属性1	属性2	人数	满意（%）	不好说（%）	不满意（%）	不清楚（%）
全体	全体	106	38.7	36.8	19.8	4.7
性别	男	62	37.1	38.7	21.0	3.2
	女	44	40.9	34.1	18.2	6.8
工种	经营管理者	13	46.2	46.2	7.7	0.0
	专业技术员	14	42.9	50.0	7.1	0.0
	现场工作人员	66	34.8	31.8	27.3	6.1
	辅助人员	11	45.5	36.4	9.1	9.1
	不清楚	2	50.0	50.0	0.0	0.0

资料来源：根据张瓷公司1997年的问卷调查制成。

整体看来，"满意"的比例为38.7%，"不满意"的比例为19.8%，可以看出满意的员工数量较多；此外，"不好说"的员工占36.8%，可以说约有4成的员工并没有充分理解公司的雇用制度。而且，虽然总体来讲满意的员工人数较多，不满的人群也占了将近2成，这也是张瓷公司在经营管理中不容忽视的问题。

从工种分析，现场工作人员中"不满意"的比例在各工种中居于首位。在张瓷公司，经营管理者和专业技术员几乎没有解雇等裁员，但现场工作人员则不同，有时会根据生产状况暂时无工可做甚至解雇。也许此项政策导致

变革的内在动力——社会转型中的企业劳动关系分析

了现场工作人员的不满和不安。

如上所述，虽然员工和管理者对于公司的雇用制度总体评价较好，现实存在的各种问题也不容忽视。在此以1999年7月的访问调查为例，从雇用政策和服务规则两方面分析员工和管理者的意见和建议。

2.4.1 雇用政策

市场经济体制的导入促进了企业的改革。中小企业行政管理的减少和自主雇用的确立，为提高企业活力带来了很大的可能性。公司的经营者关于员工的自主雇用政策作如下说明："多亏自主雇用的政策，可以按照需要灵活地雇用员工。首先是根据公司的生产状况可自主决定公司的招聘人数，从而减少了不必要的浪费；而且，在必要的时候提出要求和条件确保必要人才，对于企业的经营管理来说是一项非常难能可贵的权利。"

与公司的管理层不同，张瓷公司的员工则提出了如下的意见和建议。

问题一："你认为正式合同员工的雇用办法和待遇发放方面，做得较好的部分和亟须改善的部分分别是什么？请举例详述。"

生产部品质管理负责人李某（男，29岁，1997年4月入厂）认为有必要提高员工招聘标准，"招聘的正式合同员工中社会人员过多，雇用标准较低导致员工的教育水平普遍不高而无法担任技术性职务，在公司内接收教育培训花费大量时间，对企业发展产生不利影响。而且，企业扩大生产规模时占用了农民的土地，作为补偿所雇用的教育水平较低的农民工成为了企业的负担。今后的员工招聘中应明确雇用标准，有必要提高要求"。

担任总经理顾问的任某（男，63岁，从其他国有企业退休以后，1997年5月以特别管理者身份入厂）作了如下分析："正式合同员工的招聘有长期的历史，但不能说是一项很好的措施。因为雇用关系的稳定性会给人一种安心感，虽然在改善雇用情况方面有积极作用，却导致人们失去进取心和竞争观念。"

担任机械维护修理职务的张某（男，24岁，1997年入厂）认为正式合同员工的雇用标准不够明晰，具体为"针对新入厂的员工（正式合同员工），公司设了3个月的试用期和1年的实习期，以使员工感到压力并积极努力提高自身技能，这对公司和员工而言都是件好事。但因为试用和实习期间的考核标准设置不明确，在实际操作的时候有很多主观因素"。

2 企业雇用体制的市场化转型

此外，师某（男，28岁，1992年10月入厂，生产部副部长兼成型部现场部长）指出，"雇用正式合同员工时，应优先选择积极向上的年轻人，且严格执行试用期制度，在决定是否雇用时以能力为重"，长某（男，48岁，1993年入厂，党支部书记）提出，"招聘正式合同员工更加制度化了，但有时雇用的职工和工作岗位不对口"。

问题二："你认为短期合同员工的雇用办法和待遇发放方面，做得较好的部分和亟须改善的部分分别是什么？"

李某就短期合同员工教育培训的重要性提出了建议，"短期合同员工的招聘条件相对较低，因而入厂后多从事技术含量低的工作工资也相对较低。从现实情况来看，虽然多数通过社会招聘，也存在员工推荐雇用的情况。短期合同员工入厂后多数直接分配到各工作岗位，但是从生产和员工培养的方面考虑，有必要在正式上岗之前设置一定的教育培训"。

熟悉现场情况的师某也指出了一些短期合同员工雇用方面的问题，"短期合同员工应优先雇用健康有毅力，且有一定文化水平。虽然其雇用相对自由且标准不高，但合同时间应该严格遵守。现在成型部的短期合同员工时有些人很短时间就辞职，对生产造成的影响不可估量"。

刘某（女，45岁，1993年5月入厂，财务部件生产部品质管理负责人）则提议缩减短期合同员工的雇用人数，"短期合同员工的雇用可以根据生产情况增减，有助于降低成本；而且对于被雇用的短期合同员工本人来讲，他们得以在农闲期间赚取一定的劳动报酬补贴家用。但随着我们企业生产规模的不断扩大，确保稳定的生产秩序及产品质量需要培养稳定的人才。从长期来看，应该在一定程度上控制短期合同员工的雇用"。

问题三："你对实习生员工的雇用办法和待遇有何看法？"

李某认为："实习生制度比较合理，因为实习生的教育水平（陶瓷专业的技校毕业）普遍高于一般员工，有利于改善企业的产品质量和技术革新。而且，刚从学校毕业的学生受到的不良影响较少，可塑性强，通过公司的教育培训成长为优秀人才的概率大。就我所知，现在成型工序及装饰工序方面工作的原实习生，正发挥着重要的作用"；任某认为："接收实习生对企业有利。实习期满是否入厂由双方共同决定，实际上1997年的实习生几乎全部入厂。"

关于实习生的待遇，张某说，"是否接收实习生应根据企业的生产状况决定,对于已经招收的实习生,应该为其提供稳定的经济收入并保障其生活环境,以使其安心工作",刘某说,"实习生制度很不错。但也需要为他们提供锻炼的机会,应该让他们积极参加活动",冯某(男,27岁,1992年12月入厂,开发部美术设计负责人)说,"从实习生的角度来看,虽然企业每月定时发放工资的确很不错,但花费很多学费和时间读书以后,只能以短期合同员工的身份入厂,是一件很遗憾的事情。不过人各有志吧"。

问题四:"你对从外部特别招聘员工有什么样的看法(雇用办法,待遇范围),做得较好的部分和亟须改善的部分分别是什么?"

李某和师某的建议是进一步明确招聘标准。他们的回答分别是"技术员和专家的招聘尚没有明确的标准。首先,技术员和专家的招聘的确有必要,但企业内部的人才培养也很重要;其次,招聘时应设定明确的标准和条件,公开招聘办法及应征者的计划书,有必要提高整个过程的透明度","招聘技术员和专家时,应优先考虑有生产管理经验,可以解决具体问题,有助于培养人才的人员。例如现在的刘某和任某,他们就十分称职"。

潘某(女,32岁,1993年11月入厂,生产部技术管理负责人)对招聘的特别员工给予了很高的评价:"技术员和专家的招聘对公司的发展发挥着很大的作用。现在公司里的技术员和专家为企业发展积极培养人才,工作认真努力。"

冯某则指出了培养公司内部技术员的重要性,"技术员和专家的招聘对于企业的经营管理的确有必要,但长期看来,应该更加重视公司内部技术人员的培育。有必要让招聘的技术员和专家培养公司内部的技术人员,以建成稳定的人才培育体系。而且应该给公司里的技术员学习的机会,最终形成以他们为核心的企业自己的技术团队"。

除此之外,员工们因为劳动合同的导入"终身聘任的铁饭碗已经没有了,劳动合同的实施带走了以前的安定,有了危机感";而经营者则说"正式的劳动合同明确规定了经营者和劳动者双方的权利和义务,受到法律的保护,比以前的雇用习惯更加容易操作",他们认为员工的合同受到法律保护,某种程度上可以安心。

劳动合同制度的导入使裁员变为了可能,但张瓷公司基本上没有采用过通过裁员提高公司收益的方法,而是贯彻了尽量创造员工工作机会的方针。虽说这也是受到了计划经济时代全员雇用的影响,但也给员工带来了雇用的

2 企业雇用体制的市场化转型

稳定感。

关于张瓷公司的雇用政策,有很多人建议明确员工的雇用标准提高透明度,还有人主张从企业长期发展的角度出发,提议应该建成稳定的劳动者队伍。

2.4.2 服务规则

张瓷公司的服务规则随着企业的成长在不断发生变化,逐步得到了完善。

员工对这些制度和规定的效果给予了肯定的评价,但对于其中的问题也进行了严厉的指摘。1995年和1996年间,张瓷公司向员工征求了关于公司的意见和建议。来自管理者和员工的主要意见如下:

"工作期间闲谈和其他聚众怠工者,应给予严格处罚。管理者应该与现场工作人员同样,全体人员均应纳入考核体系"(王某,女,1993年1月入厂,财务负责人,1995年12月27日提出)。

"为实现公司1996年的发展计划,必须发挥员工的积极性。中层管理者将经营者的经营方针传达给员工,并将员工的想法和建议传达给上层领导,其对于公司的经营管理十分重要。更好地发挥中层管理者对工作的积极性,是1996年经营管理中的重要课题"(陈某,男,1992年入厂,产品开发负责人,1995年12月27日提出)。

"关于经营管理和劳动纪律强化方面,我认为首先应该从迟到、早退、无故离岗和工作期间打盹等事情入手。现场工作人员犯错时被罚款是理所应当的,但希望中层管理者应该遵守同样的标准,措施不应该只针对现场工作人员。此外,应该强化职务责任制,明确各人的业务责任,这对于完成工作也很有帮助。总之,不只是现场工作人员,经营管理者和中层管理者也应该适用"(高某,男,1993年5月入厂,现场工作人员,1996年2月提出)。

除此之外,1999年7月的访问调查中还有以下问题"你认为现在的劳动管理严格吗,你如何看待罚款制度?"李某的回答是"劳动纪律不是很严,可以接受。表面上看来规定很严格,事实上基本没有执行,有时监督者主观决定有失公平。而且,在一部分低素质的员工身上,时有瞒过监督人员(管理者休息时)偷懒的情况发生,应该强化企业整体的管理"。

长某关于制度的实施方法提出了自己的意见:"劳动纪律和管理制度的实施不理想。比如说,8:00上岗至8:10期间吃早餐会受到处分,但8:15以

后吃饭的人经常没有人管,而且迟到的人只要掐好时间点瞒过检查人员就可以蒙混过关,也就是说,很多纪律和制度只是在固定的时间段发挥作用,是一项有很多漏洞的管理制度。在现阶段应该对管理制度的重要性认识不足,有必要考虑更好的实施办法。"

刘某的意见则是提高员工的认识,"劳动纪律和管理制度的实施不能单靠考核及检查,这样的效果不理想。因为有时检查人员自身也会违反纪律和制度,或者发现违反者却出于个人关系使其免受处分。所以,重要的是提高每个人的认识,使全体员工都能有良好的习惯"。

罚款制度虽然有一定的效果,但有很多回答对此持否定态度。

"现在的劳动纪律非常严格。虽然罚款制度只有短期效果,但在员工的自觉性普遍较低且教育未能及时跟上的情况下,此制度还会持续一段时间。但一定要保证明确标准,公正执行。"——任某

"罚款制度的效果不是很好,但可以给人一种压力。因为劳动纪律不是很严,而且员工的自觉性也有待提高,只是警告经常不被重视,在这种情况下只能采取罚款。"——刘某

"罚款的确有效果,但不是根本的解决办法,最重要的是提高员工的理解和认识,让他们积极地遵守劳动纪律。"——张某

"把罚款当作主要手段来强化劳动纪律的办法不是很明智。比如在烧制工序中一次事故罚款20~30元,如果一个月罚款三次以上就没有吃饭的钱了,罚款是不能解决问题的。我建议在事故发生的时候,通过让他们明白有多大的损失应该受到什么样的处分而理解问题的本质。而且,执行过程也许要公平。当然了,人为原因造成导致事故时,应该严肃处理(罚款以外的办法)。"——李某

"罚款制度有一定的效果,但不能一味依赖。应该强化员工的管理制度和教育制度,还应该考虑他们的实情和自尊心。"——师某

"罚款制度的实施可能会引起员工的抵触心理,因为迟到或者在工作地点吃早餐就被罚款50元,并且在公司内通报批评。我觉着这样的做法太过了,不能接受。"——潘某

关于张瓷公司的雇用制度,很多意见并不是针对制度或者固定的内容本身,而是要求将制度正确彻底地执行,包括管理者和现场工作人员的全体员工之间应平等适用。

2.5 小结

对张瓷公司的雇用状况进行整体考察后，可以总结出以下特征。

第一，自主雇用的确立和劳动合同制的导入。在雇用过程中，张瓷公司虽然仍然接受劳动行政部门的管理，但员工基本上属于自主雇用。企业与员工在平等的基础上签订劳动合同，通过合同确定雇用关系。这项制度的全面导入保证了企业的自主性和劳动者的自主择业，为确立新型的雇用关系奠定了基础。这种雇用制度对应于企业的自主经营管理，通过劳动合同等措施逐步向适应市场经济体制的制度化方向发展。社会整体体制也从计划经济时期重视国家利益，经过改革初期重视企业收益，逐渐转变为重视企业和员工权益的平等关系。这种社会趋势在张瓷公司雇用制度的变化过程中得到体现。

第二，对应人才流动的问题。在中国，虽然限制人才流动的行政管制已逐渐缓和，但是其影响依然很大。在这样的社会背景下，类似于张瓷公司的中小型企业很难从更广的区域内招聘必要的员工，现阶段中小企业的特色仍然是从当地及周边地区招聘。但是，随着市场经济进程中人才流动的加剧，可以预测到在不久的将来，企业将通过人才市场在更广的区域内招聘必要的工作人员。中国企业今后的雇用活动也应适应这种人才流动，如何提高雇用技术和更新雇用理念将越来越重要。

第三，从以处罚为中心的传统管理方式转变为基于信赖关系的管理方式。从张瓷公司的服务规则可以看出，在初期以处罚为中心的管理制度和规定很多，但随着经营管理的改善和员工的成长，管理制度中的处罚条例逐渐减少，临时报酬和表彰等物质及精神方面的奖励规则不断增加，促进了信赖关系的确立，正朝向适应市场经济体制的制度化方向发展。传统的管理方式以处罚为主，虽然短期看来有一定的效果，却不能保持员工的工作积极性。张瓷公司管理方式的变化正说明了传统的管理方式已不能适应现代企业管理。这样的变化伴随着公司改革的不断深化，还会继续。

第四，一味追求生产效率，长期计划考虑不周。随着自主雇用的不断发展，企业为扩大生产规模增加了短期合同员工的数量，而且有时根据生产状况进行调整（解雇或者暂时停工）。1996年4月在职工作人员共有172名，

1997年4月约有20%的员工以各种形式被解雇,在职员工减少到了140名。1998年4月在职员工再次增加至160名。与计划经济时代相比,虽然员工的自主择业机会和权益在一定程度上得到了改善,但也失去了原来相对稳定的雇用环境。因此,雇用制度的改革重点并非放在员工的就业保障上,而是向企业的生产效率和收益方面倾斜。此外,长期计划下的定期雇用很少,多为根据生产情况采取的临时雇用。

3

薪酬体系的制度化

薪酬对劳动者来说是完成工作、发挥作用后的劳动报酬，更是企业为鼓励劳动者多创造价值、贡献力量所采用的重要手段。薪酬体系由各种各样的薪酬项目组合而成。薪酬水平和薪酬体系要凭借劳资协商，由劳动市场中的供求关系所决定，同时还要受到劳资力量关系以外的诸多因素的影响。如何制定薪酬体系和薪酬水平是企业经营管理中不可忽视的重大问题。

为了激发企业活力，对企业内部体制进行改革是不可缺少的。企业内体制改革包括改善薪酬体系，完善劳动人事管理、经营管理体制等内容，其中，改善薪酬体系可以说是最重要的部分之一。因为薪酬体系直接关系到劳动者的收入水平，会对劳动者的劳动积极性产生影响，在很大程度上还可能决定该企业的市场竞争力。

本章将分析张瓷公司在市场经济体制逐步确立的社会背景下所展开的薪酬体系制度化过程，考察制度化所带来的结果及问题，并揭示这一变革对该企业劳动者所带来的影响。

3.1 薪酬体系的历史变迁

中国实施改革开放政策之前，在很长一段时期内，收入分配采取的都是劳动成果平均分配制度。平均分配制度的形成经过了以下几个历史阶段。

3.1.1 向劳动成果平均主义的倾斜

新中国成立初期，中国采取的是配给实物和支付现金相结合的一种工资发放方式。当时，所有的劳动者按照职务、工种和工作年限被分为三个等级，按级领取配给物品。配给物品的差异只存在于不同的等级之间，相同等级的劳动者只能领取同样的物品。而工资的另一半组成部分现金发放则遵循另一套发放标准。从一般劳动者到国家主席，工资等级被划分为 8 等 25 级，各个劳动者按照各自被划分的等级领取现金工资。

1952 年 7 月，在全国劳动者中实行 29 级的新薪酬体系。之后，企业劳动者适用于 8 级工资制，企业、事业单位、政府机关等专门人员或技术人员适用于 23 级工资制，企业及事业单位的管理职务、政府机关的管理职务和文员适用于 13 等 39 级工资制。

1956 年 6 月，政府考虑到各地区所存在的物价差异和生活水平的不同，将全国分为 11 类工资区域，允许各区域间存在一定的工资差异。随着这一规定的诞生，相同部门相同等级的劳动者因为居住地区的不同出现了工资水平的差异。

从上述工资体制变革过程可以看出，中国"等级薪酬体系"于 1956 年在全国范围内正式形成。

之后的二十几年被称作政治优先的时代，这一时期，薪酬体系内容以及构成几乎没有被提上议事日程，更谈不上对此进行完善和改革。由于既有的等级薪酬体系中并不包括加薪制度，所以直到 1976 年"文革"结束，其间加薪的次数仅 1959 年、1961 年、1963 年以及 1971 年四次。而享受加薪的劳动者仅占所有劳动者人数的 90%，也就是说，多达 10% 的劳动者在这 20 年间工资一直维持不变。此外，由于奖金制度、计件工资制度等也被完全排除在外，以逐步实现"按劳分配"为目标的等级工资制度事实上名存实亡了。

中国社会在很长时间内都受到传统平等主义意识（劳动分配上的平等主义等）的严重影响。对此，刘国光①曾发表了以下见解：

"很多人都误会了社会主义所谓的平等，以为它指的是劳动分配上的平等，其实这是混淆了社会主义和劳动成果平均主义。在中国这样一个农民、小市民意识强烈，历史上农民运动中皆高喊贫富均等口号的国家，劳动成果平均主义有着广大的社会基础，这导致了中国人民将社会主义和劳动成果平均主义混为一谈。新中国成立后，按劳分配作为社会主义的基本方针被逐步

---

① 刘国光，《社会主义不是平均主义》，《北京周报》1987 年 9 月 29 日。

3 薪酬体系的制度化

实施推广并不断被强调，可是，在20世纪50年代末至1978年的20年间，劳动成果平均主义在劳动分配方面逐渐占据了支配地位。社会主义的按劳分配原则被曲解为资本主义的产物，奖金制度和计件工资制度因被批判带有资产阶级性质一次也没能得到实施，基本工资长时间保持原样。同时，农村供给制度开始被劳动工分制度取而代之，那之后兴起的劳动工分评定制度在很多地方实质上也几乎等同于平均工分制度。结果，在城市、农村的各行各业中，一个人的收入跟他的个人能力及业务成绩毫无关系，多劳动或少劳动并不会影响工资水平，人人收入皆同的现象在全国越来越普遍。"

从不同的角度理解平等主义可能会导致其含义的不同。1978年改革开放之前，在中国平等主义被曲解为收入分配时劳动成果平均化，企业无视企业的具体收益、劳动者的个人能力及业务成绩，所有劳动者的工资皆按单一标准进行发放。这样做所带来的后果就是，降低了劳动者的劳动积极性、打击了劳动者的上进心、消磨了劳动者深造业务的动力、导致企业效益低下，甚至大大地阻挠了中国经济的正常发展。

3.1.2 伴随经济体制改革的薪酬体系变革

伴随着1978年经济改革的浪潮，薪酬体系主要发生以下两点变革。一是奖金等竞争性工资的恢复；二是企业自主分配制度的建立。

1. 竞争性工资的恢复

1978年中国共产党十一届三中全会召开后，为适应经济体制改革，工资管理体制的改革随之展开。奖金制度和计件工资制度于1978年5月开始重新启动，1982年国务院又颁布了《国营工厂厂长工作暂行条例》。该条例规定厂长每年可有1%的加薪权限。1984年5月国务院颁发了《关于进一步扩大国营工业企业自主权的暂行规定》，将厂长的加薪权限从1%增加至3%。同一时期，政府于1983年、1984年分两阶段实行"利改税"。根据1984年实行的"利改税"的具体规定，企业可发放的奖金数额的上限被取消，但是对于这一部分超额的奖金必须缴纳"奖金税"。同时，企业开始拥有发放奖金的自主支配权，也就是说，从此企业可以自主发放奖金或"浮动工资"、"计件超额工资"等额外工资。不仅如此，加薪权和岗位津贴的发放权也开始下放到各企业手中。换句话说，直到1984年，在企业内部劳动收入分配上奖金及计件超额工资等竞争性工资才得以恢复发放。

2. 自主性薪酬体系的形成

1985年1月，国务院颁布了《关于国营企业工资改革问题的通知》，该通知规定国家对企业的工资开始实行分级管理（将管理权限下放到地方或企业）体制。自此以后，企业对劳动者的工资管理有了一定的自主权。

1986年12月，国务院颁布了《关于深化企业改革增强企业活力的若干规定》。根据该规定的精神，只要是在国家规定的工资总额和政策范围内，企业可以自主决定企业内部工资、奖金等的具体发放方法、时间和对象等，并且对以上事项国家不再设置统一规定。1988年4月，第七届全国人民代表大会第一次会议通过了《中华人民共和国全民所有制工业企业法》，该法第三章明确规定了"企业的权利和义务"。该法的通过标志着企业所拥有的自主决定薪酬体系和奖金发放制度的权利，第一次以法律的形式得到承认。可以说中国的薪酬体系经由国家统一规定向企业自主决定的转变。

地方行政也根据中央的指导方针进行了相应的改革，将更多的自主权下放到各个企业。根据1994年河北省劳动厅和财政厅所颁布的《关于调整国有企业工资基准的通知》①，张家市劳动局采取了以下一些非强制性行政指导措施。"张家市的工资调整跟各企业的具体经营状况直接挂钩，原则上，赤字经营的企业在完成生产收益任务前不得进行工资调整。无经营责任的赤字企业在调整工资后，一次性发放有困难时，可采取分期发放的方式。这次的工资调整原则上从1994年1月1日起开始执行。有困难的企业可根据企业具体情况进行调整"②。这里所谓"无经营责任的赤字企业"指的是按照国家战略方针，从事特殊产品及物资的生产运营工作，并不是由于企业自身经营不善所导致赤字经营企业。

综上所述，政府通过放松对企业的直接管理，将自主权下放至企业，促进了企业内部分配劳动成果时竞争性工资的恢复以及各企业独自的薪酬体系的确立。

3.2 张瓷公司制造岗位薪酬体系的变化

张瓷公司成立于1992年，直到1993年5月一直执行的是传统的等级工资

---

① 河北省劳动厅和财政厅，《关于调整国有企业工资基准的通知》，1994。
② 张家市劳动局，《关于调整国有企业工资基准的通知》，1994，第1~6页。

3 薪酬体系的制度化

制度。例如,该公司《1993年1月的工资发放额和分配基准》为:"56名劳动者的工资总额共为9262元。其中,基本工资的总额为6626元,福利工资总额为2636元。各劳动者的工资标准如下:(1)一般劳动者基本工资未满100元时,上调至100元;(2)班、组负责人及普通管理者的基本工资未满110元时,上调至110元;(3)车间主任、主要管理者、技术人员的基本工资未满120元时,上调至120元;(4)中级管理者基本工资未满160元时,上调至160元;(5)总经理助理基本工资未满170元时,上调至170元;(6)副总经理的基本工资为190元;(7)除此以外,基本工资增长幅度不足20%时,上调20%"。

综观张瓷公司的加薪标准,可发现加薪时虽然分一般劳动者、管理者、总经理等几个等级按不同标准进行加薪,但却无视企业的具体经营状况以及个人能力、业务成绩等因素,可以说,张瓷公司在公司设立初期沿袭了总公司的劳动成果分配方式,没能脱离劳动成果平均主义的影响。

之后,为了适应市场经济体制,张瓷公司逐步采取并形成以计件超额工资为中心的薪酬体系,以个人能力为重,摆脱了分配平均主义的不良影响。

3.2.1 生产定额制

在张瓷公司,尽管1993年创业初期从业人员的生产技术还不够娴熟、产品质量较低,但产品仍然大受消费者好评,市场需求量不断增加。为了达到增产的目的,张瓷公司废除了以传统的等级工资为中心的薪酬体系,开始实行以生产定额制为中心的计件超额工资制度。表3-1是张瓷公司《1993年计件超额薪酬体系试行方案1》的部分内容。

表3-1 模制部门每人每天的生产定额(部分)

工序	产品	一天定额(个)	超过定额部分的单价(元)
模制1类	9寸煮锅锅盖	200	0.15
	9寸煮锅锅体	100	0.40
修补	9寸煮锅锅盖	200	0.05
	9寸煮锅锅体	50	0.06
上釉	9寸煮锅锅体	100	0.05

续表

工序	产品	一天定额（个）	超过定额部分的单价（元）
模型	9寸煮锅锅盖模型	30	0.20
	9寸煮锅锅体模型	20	0.30
	1号锅垫模型	12	0.30

资料来源：根据张瓷公司《1993年计件超额薪酬体系》制成。

模制1类指的是铸造耐热陶瓷器半成品的工序，修补指的是烧结前修整半成品的工序，上釉指的是烧结前将半成品上釉的工序，模型指的是制作模制模型的工序。

计件超额薪酬体系试行方案1中规定，当超出生产定额时，超过部分将给予奖励。意欲通过这项奖励措施激发劳动者的劳动积极性，以顺利达到增产目标。超过部分奖励这一措施，虽然数额不大，但确实导致了因个人能力和业务成绩而带来的收入差距。这种变化给旧有的劳动成果平均主义意识带来了很大冲击，甚至可以说在摆脱该意识影响时起到了关键作用。

另外，该制度带有浓厚的注重产量的色彩，只能说是一个单纯的定额薪酬体系，试行方案的适用范围并没有涵盖全公司，而是仅限于方便执行计件超额制度的模制部门，制度的彻底性和执行范围还有待提高。

3.2.2 计件超额工资制度

随着生产正常化和增产目标的实现，单纯的定额工资制度已不能适应公司的发展现状。为建立一个稳定高效的生产秩序，张瓷公司于1993年9月制定了《1993年计件超额薪酬体系试行方案2》，开始在全公司范围内实行"计件超额工资制度"。其中，有关模制部门的规定表现出以下几个特征。

第一，为明确生产任务和加强可操作性，模制部门对各工序的人员数额、生产定额、超额部分的单价做出了明确的规定。以模制1类为例，"劳动者合计6名，分别为锅盖模制组3名，锅体模制组3名。锅盖和锅体的生产定额分别为每日900个（每人平均300个），每个产品的单价为0.038元。超过定额的部分的产品按每个0.05元进行计算"。

第二，和试行方案1不同，试行方案2对产品质量、产品管理、赏罚事项等执行规则做出了清晰的具体规定。例如："（1）劳动者须每日申报个人生产的产品数量，模制部门的相关负责人对此应进行核实；（2）质量管理者应负责检验产品质量；（3）劳动者没有完成生产定额时，每人每天扣除工资1

3 薪酬体系的制度化

元,与此同时,该劳动者的工资按计时工资制相关规定执行;(4)被检验出产品质量不过关时,该劳动者须重新进行生产;(5)产品数额及质量皆达到合格标准后,产品的管理工作移交给下一道工序,检验合格前的产品管理责任应由前一道工序负责;(6)所有车间都有提前准备的责任;(7)因客观原因导致生产定额没能顺利完成时,工资可转为按计时工资制相关规定进行计算。按计件超额工资制工作半日以上时,可获得当日全额的计时工资,同时完成的产品数额不再计入产品总数当中;(8)工作态度、业绩、工作环境管理等方面皆被评定为优的劳动者,可获得一定数量的技能工资,业绩显著的劳动者可获得特殊津贴;(9)生产出高质量产品的劳动者可获得质量工资。"

除了模制部门以外,张瓷公司还对原料加工部门、烧结部门、机械维修管理部门、新产品开发部门、包装部门以及产品检验工作者各负责人、杂勤人员、管理层人员、车间主任、短期合同工等人的工作定额、计件超额工资的具体支付方法做出了详细的规定。

该计件超额工资制度将执行范围扩大到全公司,并明确规定了生产定额、执行规则、赏罚事项等具体内容,从中可以看出公司经营者希望让劳动者的工资与企业的生产活力产生联动的意图。也可以说,企业经营者逐渐开始重视根据企业的经营状况和劳动者的个人能力及业务成绩进行工资分配的分配办法。

另外,初期的计件超额工资制度由于是以生产定额和超额支付为中心的分配方法,导致了过于重视产量的结果,对产品质量的管理十分欠缺。例如,对质量管理方面仅仅只做出"质量管理者应负责检验产品质量,被检验出产品质量不过关时,该劳动者须重新进行生产"的规定。该规定只强调合格产品的数量,而因不良产品的出现所造成的原材料浪费等问题却只字未提。而且,虽然已规定应该对生产出高质量产品的劳动者以发放质量工资的奖励,却未给出具体的标准,导致该项规定难以执行。

生产定额制和计件超额工资制度的执行,让劳动者收入与个人能力、业务成绩直接挂钩,在一定程度上扭转了劳动者旧有的工资观念,让劳动者渐渐接受因能力带来的个人工资差异,可以说为摆脱劳动成果平均主义、强调能力主义创造出了一个良好的环境。

之后,张瓷公司通过执行并完善复合型计件超额工资制度(包括产品质量工资、技能工资、计时工资等内容,以计件超额工资为核心的薪酬体系)、重质量工资制度、重效益工资制度等一系列薪酬体系，达到了在劳动成果分配上树立了能力主义的效果。

3.2.3 复合型计件超额工资制度

1993年，通过实施计件超额工资制度，张瓷公司达到了增产的目标，但同时也发生许多亟待修正的问题。如劳动者里存在增加产量就能增加收入想法的人越来越多，大家片面重视产量，丝毫不注意提高产品质量和减少原材料浪费等问题。结果到了1993年后半期，随着劳动者生产技术的成熟，劳动者计件超额工资增加速度达到惊人的地步。为了纠正这一问题，张瓷公司降低了计件超额部分的单价，更根据业务内容的差异，制定了《烧结部门1993年9月薪酬体系方案》，开始在烧结部门试点实行质量工资和赏罚工资制度。

烧结部门的薪酬体系方案规定劳动者的工资由计件超额工资、质量工资、技能工资、赏罚工资四部分构成，其构成比例分别为20%、50%、20%、10%。此外，还根据工种的差异导入和工资挂钩的分配系数，让工作性质成为影响收入的要素之一。该工资分配系数具体为：烧结人员1.0、装窑人员0.8、卸窑人员0.8。

对于计件超额工资的具体计算方法就生产定额，超额部分的单价做出了以下的详细规定："(1) 每组每日的生产定额定为130个（以7寸锅为标准），产量应根据窑的实际工作时间来计算，因停电或机器故障造成的损失统一在月末一次补足，实验室的实验用产品只有在获得主任或副总经理的批准时才能计入产量；(2) 产量超出定额时，按每个0.15元进行计算，（0.15×分配系数）计入产量；(3) 超出定额10%时，超出部分按每个0.20元计算，（0.20×分配系数）计入产量；(4) 超出定额20%时，超出部分按每个0.30元计算，（0.30×分配系数）计入产量；(5) 对于超过部分的奖励办法适用于普通生产状况（10分钟1次的操作），但不适用于9月的快速操作。"

对于占有工资总数50%的质量工资，做出"(1) 质量定额的最低标准为产品合格率的93%；(2) 烧结后产品出现龟裂现象时，烧结部门应承担30%的责任，如出现烧结不充分或烧结过度现象，除非是原材料不匹配，否则烧结部门应承担100%的责任；(3) 烧结中出现异物脱落现象时，责任归烧结部门，烧结后产品破损情况，责任应归卸窑"等规定，明确了劳动者的承担职责。

3 薪酬体系的制度化

技能工资则根据工种的差异分别做了规定。烧结人员:"如出现烧结不充分或烧结过度等现象,除去原材料不匹配的情况,一次将被扣除20%的技能工资;因不遵守操作章程影响到生产时,一次将被扣除10%的技能工资。"装窑人员:"如出现烧结不充分或变色等现象,一次将被扣除50%的技能工资;如出现没有正确报告温度或高温带发生故障等现象,一次将被扣除全部的技能工资;烧结中出现异物脱落现象时,一次将被扣除10%的技能工资。"卸窑人员:"没能发现产品烧结不充分、烧结过度、变色等问题或发现后没能及时通报给烧结人员时,一次将被扣除50%的技能工资;没能发现高温带出现故障,没能发挥好监督作用时,一次将被扣除全部的技能工资;根据产品损失情况从严处罚;烧结后产品破损(运送中出现的破损情况除外)时,一次将被扣除10%的技能工资。"

关于赏罚工资,将给产品质量高、工作现场卫生状况良好、认真记录的工作小组发放奖金。此外,对于其他突发事件的奖金将根据当时的具体情况进行发放。

综上所述,虽然烧结部门的薪酬体系仍然是以生产定额为核心,但由于引入了质量薪酬和赏罚薪酬系统,从而丰富了薪酬体系。而这种复合型计件超额薪酬制度还体现了经营方不局限于产量,开始从产品质量、劳动者的工作态度等多方面对劳动者进行考核的管理思想。

随着生产规模的扩大,张瓷公司为了达到更胜于1993年的生产目标,建立更加合理,容易执行的薪酬体系,在综合考虑同年实施的薪酬体系所带来的结果后,于1994年2月23日制定了《1994年薪酬体系》,并开始在全公司范围内推广实行。

该薪酬体系对劳动者工资的组成部分做出了以下规定,即"一般合同工的薪酬由计件超额工资、质量工资、技能工资和计时工资四部分组成。聘用制职员(管理人员和工作性质为不能计算产量的劳动者)的工资由技能工资和岗位工资组成"。

该制度的核心原则为"该制度以业绩第一为原则。反映了按劳分配的基本原则,反映了对产品数量和质量的综合评定结果。该制度将对技术要求高、责任重、劳动时间长的工作岗位进行补贴奖励。劳动者的基本工资定为50元,对计件超额工资不设上限"。反映了张瓷公司将劳动者工资与个人能力、业务成绩直接挂钩的分配方针。

此外，还对人员配置、计件超额部分单价、计件超额部分、质量工资、计时工资、技能工资等事项的计算标准和衡量准则做出了具体规定。以下为模制部门的相关规定：

第一，人员配置和计件超额部分单价被设定为"模制1类配置4组人员，每组3人，共计12人。模制1类9寸汤锅的计件超额部分单价为无釉锅盖0.19元、无釉锅体0.20元、有釉产品0.12元"。至此，张瓷公司取消了旧有的生产定额，全面引入了计件超额工资制度。

第二，对于计件超额部分的评定方法，规定："模制部门主任应每日向工资管理人员提供计件超额部分统计表。统计表上须加盖质量检验合格章。检验合格产品在下一道加工工序前出现质量问题时，下一道工序的工作人员应马上将情况报告给模制部门主任，要求返工或调整计件超额部分数量。出现不能实行计件超额工资制度情况时，应记录其原因。"

在产品质量评价环节，不单依赖管理人员，让相关生产工序的操作人员也参与其中，确保制度的执行力度。

第三，计件超额工资的计算方法如下所示：

$$各组个人的计件超额工资 = \frac{单价 \times 完成的产品数量}{该组组员人数}$$

$$模制部门平均计件超额工资 = \frac{模制1类产品的计件超额工资总额}{组数}$$

模制1类劳动者的计件超额工资以修补后产品的产量为基数进行计算，为该产量的1.05倍；修补人员为该产量的0.95倍。此外，以模制部门平均计件超额工资为基数，模型人员的该部分工资用该基数乘以85%，杂勤人员用该基数乘以80%，副部长用该基数乘以95%，部长用该基数乘以100%。

上述计件超额工资计算方法明确规定了在各生产工序进行共同作业的众多操作人员各自的责任和利益，在激发劳动者劳动积极性的同时，很好地促进了各工序间的合作。此外，该规定还通过将部长等管理人员的计件超额工资与劳动者的生产活动直接挂钩，建立起管理生产一体化体制。

第四，质量工资的计算方法如下所示：

$$模制部门的总质量工资 = \frac{公司总质量工资}{劳动者总人数} \times 模制部门总人数 + 质量提高奖金$$

模制部门的质量管理指标为："次品率定为15%。月统计中该比率每减少1%将可获得200元的奖金，增加1%将被处以100元的罚款。"

质量工资的评判系数根据工作内容的不同会出现差异。模制部门各工序的质量工资分配系数具体为："部长1.2、副部长1.1、上釉人员1.0、制模1类0.9、修补人员1.0、模型人员0.8、杂勤人员0.7、模制2类0.5、模制3类0.5。"

有关质量工资的规定在明确制定各部门各自的指标的同时，强调了与其他部门的关联性，加强了部门间的合作和关系。而质量指标和赏罚标准的实施在一定程度上能达到刺激劳动者劳动积极性的正面效果。此外，还根据承担的责任份额引入质量工资分配系数，可以说提高了工资评判时的公正度。

第五，有关计时工资的规定："因非个人原因导致无产量时，可根据工作时间来计算工资。计时工资为每人每天4.20元。模制部门不再提供加班补助和调休。杂勤人员有资格获得加班补贴，加班补贴为每天8.0元。"

如上所述，计时工资的标准被设定得极其低廉，从中可以看出企业经营者想极力推广计件超额工资制度的决心。

第六，技能工资按照业务内容被分为以下几类，即"部长50元，副部长40元，组长10元，模制2类10元"。这项技能工资实质上为岗位津贴，在很大程度上留有浮动的空间。

复合型计件超额工资制度将劳动者的工资结构从"生产定额+超额奖励"变更为"计件超额工资（生产定额+超额奖励）+质量工资+技能工资+赏罚工资"，在公司内树立能力主义的主导地位的同时，提出了将从各方面综合评定劳动者能力的考核方针。而且因为明确规定了考核标准，使得考核的具体操作容易进行。张瓷公司的劳动者考核标准因减少了主观因素的影响，能较为客观地对劳动者进行评定。之后，为了促进销售，张瓷公司在考虑销售工作的特殊性后，从1994年上半年开始着手制定适用于销售业务的薪酬体系。

3.2.4　以产品质量为中心的工资制度

1994年起，张瓷公司逐渐将工作重心转移到提高产品质量上，尝试了很多生产管理和薪酬体系等方面的改革措施。这些措施确实取得了一定的成果，但都不尽如人意。1995年4月，张瓷公司的主力商品——咖啡壶质量上出现了问题，公司的生产经营活动因此受挫。面对这样的情况，张瓷公司通过了

《有关1995年4月工资的相关意见》，采取了扣减全公司劳动者工资等惩罚措施，意图以此为契机提高劳动者的产品质量意识。

该意见中写道："1995年4月，本公司的主力商品——咖啡壶质量上出现问题，公司的销售业绩因此大受影响，甚至影响到与马来西亚客人的业务往来。本着工资来源于效益的分配原则，4月的工资公司仍未给予发放。考虑到劳动者的辛勤劳动，公司决定尽早发放4月工资，但产品的质量问题应该反映在该月的工资上。因为4月的咖啡壶质量事件说明了全公司劳动者和整个生产过程中存在着很大问题，因此，这次的质量事件应直接影响全公司劳动者的工资。"

扣减工资的具体做法为："扣除总经理、党委书记100元工资，扣除部长和生产管理负责人50元工资，管理人员（包括部长和生产管理负责人）、一部分聘用职员及机械维修管理部门劳动者返还技能工资。"此外，还严格规定："烧结部门劳动者工资需与以前产品质量挂钩，其他劳动者工资根据具体情况来判定，实施计件超额工资制度的劳动者工资与产品的1级、2级、3级、4级率挂钩。"

公司这样决定虽然引起了一部分劳动者的不满，但从结果上来说，清楚地让劳动者认识到公司产品质量的下降会直接影响个人收入这样一个严峻的社会现实。

但是，由于劳动者的生产技术水平不断提高，1995年上半年，张瓷公司出现了劳动者的计件超额工资持续增加而公司的最终质量目标却没能达到并导致公司效益受到不良影响的奇怪现象。为了消除这一现象，张瓷公司在1994年的薪酬体系的基础上，根据公司当前经营状况，于1995年7月15日制定了《1995年薪酬体系补充规定》，意图建立以产品质量为重的新薪酬体系。在解释为什么制定补充规定时，公司方面作出了以下说明："劳动者技术的日益娴熟使得现行的半成品计件超额工资制度和最终产品的目标达成之间出现了偏差。此外，考虑到本公司产品的1级品、2级品的销售情况明显优于3级品和4级品的销售特点，公司认为现行的计件超额工资制度不再能够创造出公司预定的最终收益。"而且，为提高全公司的高质量产品所占比率，张瓷公司规定计件超额工资需与最终产品的质量挂钩。表3-2是张瓷公司为达到该目的所采取的具体措施。

3 薪酬体系的制度化

表 3–2 模制部门最终产品的质量与计件超额工资关联系数

最终产品的质量	影响模制部门计件超额工资的关联系数
1 级品	1.0
2 级品	1.0
3 级品	0.5
4 级品	0.2
5 级品	0.0

资料来源：根据张瓷公司《1995 年薪酬体系补充规定》制成。

"对于直接适用计件超额工资制度的模制部门劳动者，将设定一个次品率，低于这个标准可获得奖金，高于这个标准不会被处以罚款。奖金金额由生产部门、生产管理人员和模制部部长三方根据比率达成情况具体决定，金额范围为每人 10 至 100 元。"

在补充规定中，1 级品和 2 级品的计件超额工资关联系数被设定得很高（两者皆为 1.0），而 3 级品以下的产品计件超额工资关联系数则被设定得很低。从中可以看出公司鼓励 1 级品和 2 级品，抑制 3 级品及以下的产品的生产意图，和希望通过此项规定达到提高最终产品质量的目标。

通过采取上述措施，张瓷公司的薪酬体系方针由原来的以产量为重转变为以产品质量为重。可以说企业经营者开始意识到高质量直接关系到能否提高企业最终收益的问题，并试图通过完善薪酬体系来提高劳动者的产品质量意识。

1995 年的薪酬体系实施后，有人提出有必要进一步完善薪酬体系。例如 1992 年 12 月进入公司，担任新产品开发工作的冯某在 1995 年 12 月 27 日提交的建议书上写道："公司在 1996 年似乎仍打算继续采用包含岗位工资在内的薪酬体系。我认为岗位工资不应由该劳动者工作以外的条件所决定，而应由担任的工作内容和工作环境所决定。希望公司能在 1996 年建立起更加公平合理、以业绩为考核标准的薪酬体系。"表达了他认为现行薪酬体系有继续完善的必要的看法。

3.2.5 以收益为重的工资制度

1993 年以来，张瓷公司的薪酬体系经历了数次的制定、试行和修正过程。在 1996 年 1 月，张瓷公司克服了半成品计件超额单价过高、质量工资与计件

变革的内在动力——社会转型中的企业劳动关系分析

超额工资无法保持平衡等问题,将计件超额工资与最终产品的质量直接挂钩,制定了以公司收益为核心的《1996年薪酬体系》。经过近三年的试行后,基本确立了以收益为重的薪酬体系。

1996年的薪酬体系除了一线生产人员之外,还实现了对管理人员和事务人员进行的具体可行的考核。为进行更加全面、合理的考核,反映多劳多得、鼓励勤勉、严罚懈怠的原则,该体系规定管理人员和事务人员的工资由岗位工资(工种工资)、技能工资、评定工资和赏罚工资四个部分组成。其具体的判断标准为:"按照工作环境和工作职责划分工作岗位(工种)。根据当月的业绩决定技能工资。根据专门管理人员对该劳动者日常工作的态度所进行的评定决定评定工资。根据1996年公司管理运营条例决定赏罚工资。"表3-3所示的为1996年管理人员的岗位工资。

除了表3-3的内容以外,该体系还规定总经理助理的岗位工资为1000元;原材料部门现场部长的岗位工资为该部平均计件超额工资的1.2倍;模制部门现场部长的岗位工资为该部平均计件超额工资的1.25倍;模制部部长兼现场管理副责任者的岗位工资为模制部门平均计件超额工资的1.3倍。此外,对于获得高额岗位工资的总经理助理,规定其应负有包括生产管理、新产品开发、警卫安全、质量管理、设备管理、包装、装饰、现场管理及产品运送等方面在内的所有责任。

同时,该体系还针对无法实施计件超额工资的非计件超额工资制度职位设定了具体的岗位工资标准。表3-4所示的即为非计件超额工资制度职位的岗位工资。

表3-3 管理人员的岗位工资(单位:元/月)

职位(工作岗位)	岗位工资	职位(工作岗位)	岗位工资
财务部部长兼考核负责人	510	质量管理负责人	390
供给部部长	500	报关负责人	360
生产部部长	500	产品会计兼管理员	370
开发部部长	500	营业计划员	350
警卫安全部部长	480	供给部职员	350
开发部副部长	450	报关员	320
设备管理负责人	400	一般秘书	300

3 薪酬体系的制度化

续表

职位（工作岗位）	岗位工资	职位（工作岗位）	岗位工资
产品包装车间负责人	400	技术管理	370
总经理秘书	450	设备管理员	370
生产管理人员兼考核人员	480	会计出纳	370
生产管理人员	450	技术管理兼统计	380
烧结部部长	500	产品装饰负责人	380

资料来源：根据张瓷公司《1996年薪酬体系》制成。

表3-4 非计件超额工资制度职位的岗位工资（单位：元/月）

	职位（工作岗位）	岗位工资	职位（工作岗位）	岗位工资
普通部门	清洁人员	200	销售商店店长	400
	司机兼业务人员	360	销售商店店员	300
	食堂兼公司内邮递人员	360	销售商店秘书兼杂役	320
	公司内邮递人员	260	司机	320
	总经理室一般事务员	300	保管人员	330
	涉外业务	360	警卫	350
	涉外派遣销售员	300	—	—
烧结部门	烧结人员	500	装窑人员	360
	卸窑人员	380	现场清洁人员	250
	杂役人员	300		
开发部	技术开发人员	360	模型负责人	300~360
	一般开发人员	320	试作管理者	320
供热工程	供热室负责人	360	供热人员	330
	烧热水人员	260	供热监视人员	另项

资料来源：根据张瓷公司《1996年薪酬体系》制成。

除规定了上述的管理人员及非计件超额工资制度职位的岗位工资外，该体系还调整了原材料加工、模制、装饰等部门劳动者的计件超额单价，但总的来说，还是沿袭了原来的计件超额工资制度。1996年6月10日，张瓷公司制定了《1996年薪酬体系补充规定》，再次调整了计件超额单价并修正了一些不足之处。补充规定进行的修正有："（1）新产品的计件超额单价应由总经理、财务部部长、生产管理负责人和现场部长决定。（2）原材料加工部劳动

57

者的计件超额工资应按照被加工的原材料数量来计算。第 1 类及第 2 类模制用原材料为 1 吨 160 元，第 3 类模制用原材料为 1 吨 100 元。(3) 采用计时工资制度的劳动者工资标准为每天 10 元，采用计件超额工资制度的劳动者不能再获得计时工资（特殊情况除外）。管理人员及聘用制劳动者的加班可换算成调休（特殊情况时，可以以奖金——非加班补贴的形式进行补偿）。(4) 因公司方面的情况，不得不休假时，劳动者每天可获得 2 元的补助；个人情况休假或假期过长时，公司也可能停止发放每天 2 元的补助，届时会通知该劳动者。节假日加班可额外获得每天 30 元的补助。(5) 机械维修人员的基本工资为 320 元，无双休日，但星期天上班可获得每天 10 元的补助。"

1997 年，随着从业人员生产技术水平的不断进步，公司管理体制的不断完善，张瓷公司的生产效率及产品质量得以稳步提高。但随着出口量的扩大，产品质量的进一步完善迫在眉睫。基于此现状，张瓷公司为提高高质量产品的比率、增加企业最终收益，以 1996 年薪酬体系为基础，于 1997 年 3 月 24 日制定了《1997 年薪酬体系》。

1997 年的薪酬体系在继承原有的有关岗位工资、技能工资等规定的同时，对质量工资做出了更为严格的规定："1997 年的质量工资应与全公司劳动者联动，产品检验标准将由公司统一制定。1 级品和 2 级品比率在 80% ~ 71% 时，视为合格，无奖惩；介于 70% ~ 66% 时，扣减生产部门全体劳动者工资（包括隶属于生产部门的各部门）。低于 65% 时，扣减全公司劳动者工资。另一方面，1 级品和 2 级品比率达到 85% ~ 87% 时，生产部门全体劳动者可获得额外奖金；超过 87% 时，全公司劳动者皆可获得额外奖金。奖惩额度由相关负责人根据每月的生产量及产品种类进行商定。"

对于质量事故，1997 年薪酬体系规定："如质量事故所造成的损失超过 5000 元（按 3 级品的单价计算），处以罚金，并在公司内公开点名批评；低于 5000 元时，可免于罚金，但须在公司内公开点名批评。"

此外，为加强未身处生产现场的经营管理者的质量意识，该薪酬体系还特别引入了质量工资系数。比如：总经理 2.0，副总经理为 1.8，部长为 1.6，副部长为 1.5，管理人员为 1.4，聘用制职员为 1.3 等。通过该系数让不从事现场生产的管理人员及劳动者的工资与公司产品质量联系在了一起。

对于 1997 年的薪酬体系执行案，1997 年 3 月从劳动者及管理人员中发出了这样的声音。原材料加工部门的负责人范某就管理人员的职务设定及岗位

3 薪酬体系的制度化

工资时谈到："有些职务是不需要设置专人的，而且，管理人员的岗位工资，我认为有必要根据其担任的具体工作内容来进行制定。例如实验室副主任兼宣传委员这个职务就是不必要的，实验室的工作相对而言是较为单纯和清闲的，主任一个人就应该能够承担所有的工作，而宣传的工作则可交给警卫安全部或其他部门，再给兼职人员发放额外的30元工作补助，所有的问题就迎刃而解了，专门为此设置一个职务我认为是完全没有必要的。此外，警卫安全部副部长一职我认为也是可以取消的。本公司劳动者总数不足200人，维护治安的警卫工作的工作量可想而知，警卫安全部部长的岗位工资我认为应低于其他部门，设为450元比较合适。如警卫安全部部长兼任上述的宣传一职，可增加30元工资，月岗位工资共计可得480元。"

为提高经营管理的效率，张瓷公司在综合考虑劳动者的建议后，于1998年4月5日制定了部分内容沿袭了1997年薪酬体系的《1998年薪酬体系》。张瓷公司在该薪酬体系中就修正薪酬体系的理由作出了以下说明："1998年本公司开始实施股份制，自此以后，企业的经营状况将会直接影响各持股劳动者的经济收益。当今社会，同行业企业相继出现，市场竞争越来越激烈。在这样的社会背景下，本公司的1、2级产品的销售额持续上升，甚至出现供不应求的情况，而3、4级产品的市场需求量不断减少，库存愈来愈多。为改变这种现状，1998年本公司的经营管理理念将以质量为核心，并将通过提高产品质量来确保企业收益，因此公司将开始实行以质量工资为核心的薪酬体系。"

有关管理人员的工资构成，该体系规定："管理人员的工资由岗位工资、业绩工资和赏罚工资三部分组成。根据职务标准来决定是否增减业绩工资。增加时，以业绩工资的2倍为上限；扣减时，可扣到业绩工资没有为止。管理人员的业绩考核由三部分构成，分别为个人考核成绩占10%，主管上司考核成绩占70%，业绩工资考核小组考核成绩占20%，三部分成绩的总和为该月业绩工资的关联系数。"例如，副总经理兼供给销售部部长的岗位工资为每月600元，可变动的业绩工资为每月800元；技术管理人员的岗位工资为每月300元，业绩工资为每月300元等。

有关非计件超额工资制度劳动者的工资，该体系规定："此类劳动者的工资构成与管理人员一样，同样是由岗位工资、业绩工资和赏罚工资三部分组成的。业绩工资由企业考核小组根据主管上司的评价，通过审查研究决定。"

变革的内在动力——社会转型中的企业劳动关系分析

例如：普通事务从业人员的岗位工资为每月 200 元，业绩工资为每月 300 元；食堂炊事人员的岗位工资为每月 350 元，业绩工资为 150 元等。

关于现场生产人员（包括现场适用于计件超额工资制度的劳动者、非计件超额工资制度劳动者以及原材料加工部职员）的工资，该体系规定："根据以质量为重的原则，决定现场生产人员的工资由计件超额工资和质量工资两部分组成，其中质量工资所占比例为 60%。各生产现场按照各自制定的次品率决定是否需要增减劳动者工资。可扣减的工资数额范围设定为质量工资全额，可增加的工资数额上限设定为质量工资的 2 倍。"此外，体系还制定了具体的考核标准。规定："质量生产部门应按照 1998 年企业对优等品比率的要求为各生产现场的各部门制定次品率。各生产部门则应根据产品种类、生产工序、产生次品时应负的责任大小，将次品率落实到模制、锅体修补、上釉、装窑、烧制、卸窑等具体工序及个人身上，并为劳动者设定相应的次品率。劳动者的质量工资及计件超额工资需由各自的次品率及具体达成情况来决定。"

适用于计件超额工资制度的劳动者的工资计算公式为：月工资 = 计件超额工资 × 40% + 质量工资 × 60%；生产现场不适用于计件超额工资制度的劳动者的工资计算公式为：月工资 = 岗位工资 + 质量工资 + 赏罚工资。

此外，关于计时工资，《1998 年薪酬体系》规定："（1）计件超额工资制度劳动者在没有明确的生产任务时，质量生产部门应给其分配其他的工作，并按计时工资制度计算该劳动者的工资。从事其他工作时的计时工资为每人每天 10 元；被指示暂时离职时，每人每天可获得 2 元的工资补助；在接受公司再教育培训期间，每人每天可获得 6 元的补助。（2）公司新职员在实习期间，可获得每人每天 10 元的工资，但是，每天的实习时间应有相应的规定。实习期结束，考核合格者予以正式录用，不合格者将不被录用。（3）计件超额工资制度劳动者另外参与非本职工作的其他工作时，每小时可获得 2 元的工资补助，管理人员除外。管理人员的上述劳动视为无偿劳动，不再额外支付工资。"可以说，1998 年的薪酬体系不仅可操作性得到了进一步加强，还通过增加许多客观的评判标准提升了制度的公平性。

另外，张瓷公司规定：是否给劳动者加薪应由公司方面决定。初期劳动者的加薪与个人能力及业绩无关，全员皆按统一标准执行。之后，随着薪酬体系的不断修订，对劳动者的客观评判标准日益增多，公司对劳动者的加薪

3 薪酬体系的制度化

开始依据个人能力及业绩来具体进行了。虽然,张瓷公司的劳动者收入随着公司效益的增加有了大幅度的提升,但就薪酬体系本身而言,并没有有关定期加薪的相关规定。所以说,张瓷公司的薪酬体系里还较为缺少对应物价上升情况应该定期提高劳动者工资的思考。

张瓷公司 1996 年及 1998 年的薪酬体系具有明确的责任范围、考核标准、执行方法,适用对象涵盖了全公司劳动者,在全公司范围内进行了试点。通过这样的薪酬体系,张瓷公司逐渐树立了以个人能力及业务为核心的能力主义的中心地位。从中可以看出,张瓷公司的经营管理者根据生产中劳动者产生的具体问题,不断地完善薪酬体系,以达到企业创收目的的积极态度。

3.3 张瓷公司销售岗位的薪酬体系

在原来的计划经济体制时代,企业需按照国家的计划从事生产,生产必需的原材料的采购及产品的销售也都是在国家的指示下完成的。但是,在我国开始实行市场经济体制以后,企业自主生产经营,产品的销售成为影响企业最终收益的重要环节,与生产活动并称为企业经营的支柱。张瓷公司自 1993 年正式成立以来,对销售工作采取了以薪酬体系为核心的各式措施,最终实现了销售业务的薪酬体系制度化。

3.3.1 以销量为中心的责任制

销售活动开始初期,张瓷公司将销售人员与从事生产的普通劳动者等同对待,其工资也按照普通的薪酬体系进行了制定。《1993 年计件超额工资制薪酬体系试行方案》中,张瓷公司规定:"销售人员的工资应由销售业绩决定。该劳动者销售额的 5% 为其工资。"随着生产规模的扩大,增加销售业务成了公司的头等要务。在这样的背景下,为调动销售人员的工作积极性,提高公司销售业绩,1994 年 2 月,张瓷公司根据销售业务的工作特殊性,制定了区别于一般薪酬体系的《1994 年上半期销售责任制试行方案》,确立了销售业务的薪酬体系。

纵观 1994 年的销售责任制试行方案,可发现其具有以下几点特征。

第一,提出了"效率优先"方针。想要达成 1994 年经营目标,吸取 1993 年下半年的销售经验和教训,激发销售人员的工作积极性,扩大销售市场是当务之急。试行方案按照增强公司的市场竞争力,公司的短期利益和长期利益并重的原则,以"效率优先"方针为本,以获得利润为目的制定了一系列相关规定。该原则明确了"效率优先"方针的重要地位,表现出张瓷公司重视产品销售工作的决心。

第二,不设最低基本工资,实施计件超额工资制度。试行方案规定:"销售人员与公司直接签订销售责任制合同。公司根据商品生产成本及市场情况设定商品的最低价格,并按该最低价格为销售人员提供商品。销售人员有权在最低价格的基础上添加差价,并出售给市场。销售人员添加的差价部分算作销售费用和销售人员的工资(差价部分产生的税金由销售人员自己负担)。"此外,对于销售中的其他费用,试行方案规定:"当销售额回收额达到标准时,由公司负担运送销售商品产生的运费。汽车运输为每吨每公里0.4元,火车运输按实际运费加上销售人员交通费计算。除商品说明书及宣传页、海报以外的销售费用由销售人员自己承担。销售合同期间,公司不支付销售人员劳动工资及出差补贴。可视销售人员的工作努力程度,如运费由顾客负担时,将运费的半数作为奖金发放给销售人员。"

张瓷公司对于销售人员,不再将其作为普通劳动者对待,不设基本工资,彻底实行计件超额工资制度,采用了劳动者的工资来源于该劳动者销售额的做法。这项措施同时给予了劳动者巨大的压力和希望,但由于无最低基本工资的保障,出现了加大劳动者担忧的负面效果。

第三,以销售额为本的销售政策。在中国,企业自主经营制度确立后,企业间的贸易往来大幅度增加。但同时对应这些贸易的银行结算等制度却还不太完善,所以企业间经常采用现金进行交易。在这样的社会背景下,对企业来说,销售金额的回收成为不可忽视的问题。对此,张瓷公司在1994年试行方案中特别设定了销售人员每人每月应回收的销售金额标准(最低回收额),具体为:3月3.0万元,4月3.5万元,5月4.0万元,6月5.0万元。还规定商品交货后,2个月以内需收回50%的销售金额,3个月以内需收回全部的销售金额。可由于只规定了销售金额的回收办法,未规定没完成时的处罚措施,张瓷公司的销售人员劳动工资变成只与个人销售额有关,商品欠款比率愈来愈多,甚至造成了公司资金运转困难。

1994年7月15日,张瓷公司为增强销售人员的安全感,提高销售货款的回收率,在综合考虑1994年上半年试行方案的实施结果后,修订了1994年试行方案，发布了《1994年上半年销售责任制的补充意见》。补充意见主要修订了以下的三点规定：

首先，为销售人员设定了基本工资。意见写道："为确保销售人员的稳定收入，企业决定每月给销售人员发放基本工资，基本工资标准参见公司相关规定。"

其次，采取按销售额递增的计算方法。补充意见中规定："销售人员完成企业规定的销售定额时，差价部分将作为该劳动者工资进行发放，此外还将根据具体销售额发放一定数额的奖金。具体做法为：销售额超过5万元时，销售额的5%；销售额超过10万元时，销售额的8%；销售额超过15万元时，销售额的10%为该劳动者的奖金。但是，奖金的发放需以年末现金回收率达到80%为前提条件。"此外，张瓷公司考虑到新销售人员经验不足，有待学习的情况，给予了一定的优惠政策。如补充意见规定："新销售人员可从公司领取3个月的出差补助和交通费，完成销售定额时，可获取按销售额发放的奖金。销售额超过3万元时，销售额的8%，销售额超过5万元时，销售额的10%为该劳动者的奖金。"

再次，为了增强销售人员整体的责任感，公司给销售部门设定了至1994年年底的销售定额。补充意见规定："销售部门的销售责任额设为150万元，销售人员负责其中的60万元，剩下的90万元由销售部长全额承担。销售部完成的销售额达到130~150万元时，销售部部长可获得相当于销售额1.8%的销售奖金；销售额超过150万元时，销售部部长可获得相当于销售额2%的销售奖金。但是，如果销售人员没能达到销售额，销售部部长就只能获得90万元×2%的销售奖金及销售人员奖金的平均值。"意图设立以销售部长为核心的销售团体。此外，补充意见还将产品的定价权下放给销售人员，允许销售人员根据顾客及具体销售数量，在不低于企业合同价格（最低价格）的前提下设定不同的销售价格。

3.3.2 以销售货款回收率为中心的责任制

1994年的销售责任制是重视销量，以销售额为中心的制度。这样的制度实施后，销售人员的收入得到了保障，公司的产品销量稳步上升，国内市场所占份额逐步扩大。为提高销售人员的工作积极性，进一步促进销售业务，1995年2月，张瓷公司的经营管理者修订了1994年的销售责任制试行方案，制定并颁布了《1995年销售责任制》。

纵观1995年的销售责任制，可发现其具有以下几点特征。

第一，将销售人员的回扣工资与销售货款的回收率联系在了一起。1995年销售责任制修订了1994年销售责任制的不足之处，对于回扣工资做出了以下规定。"按照1994年的规定，回收销售货款后（包括部分回收的情况），销售人员即可获得100%的回扣工资。事实表明，这一规定不利于回收余下的销售货款。本修订案决定将根据销售货款的回收率来发放回扣工资。销售货款只部分回收时，只予发放60%的回扣工资，销售货款全部收回后，再发放剩下的40%。"此外，修订案还引入了按年底销售业绩决定回扣工资比率的做法。销售额达到销售定额的100%、80%、50%以上时，可分别获得销售额的8%（超过100%的部分，按12%的比率给予发放）、2%、1%作为回扣工资；销售额不满定额的50%时，将被扣除销售定额50%的1%工资。这样的措施表明张瓷公司1995年的销售责任制方针开始从以销量为中心转变成以销售货款回收率为中心。

第二，将工资与业绩联系在了一起。1994年下半年起，张瓷公司除了回扣工资外，还给销售人员提供固定的基本工资。但是，却没有制定有关该基本工资的支付标准。1995年的销售责任制在为销售人员设定具体的销售定额时，还鼓励销售人员增加业绩。例如：1995年销售人员的销售定额具体为高某、李某、丁某三人各30万元，侯某、牛某、刘某三人各15万元。此外，还规定销售人员的工资与销售定额无关，由各自的销售实绩所决定，积攒到年底一次性结算。表3-5所示的为与销售业绩相关的工资。

表3-5 与销售业绩相关的销售人员固定月工资

年销售业绩（万元）	月工资（元）
15	280
20	350
25	400
30	450
35	500
40	550

资料来源：根据张瓷公司《1995年销售责任制》制成。

另外,有关销售人员制定销售价格问题,张瓷公司意识到价格过度上涨只能带来短期效果,可能会危害到公司的长远利益,因此对此做出了修订。具体规定为:"按照1994年的规定,商品涨价空间并无上限。从本修订案起,规定销售商品的价格上涨幅度不得超过公司内部批发价的20%。但如销售货款短期内能全部收回(直接出售给消费者),则不受此限。"

第三,为加强对销售人员的管理和考核,推进了有关销售运营方法的制度化。1995年的销售责任制做出了"公司将直接对销售人员进行考核。销售人员虽然不必要严格遵守上下班章程,但必须遵守以下事宜:(1)销售人员外出时,须在销售部留言簿上留言;(2)销售人员出差返回后,第二天必须到公司上班;(3)非出差期间,为处理家事需要休假时,须先计划好时间且取得总经理及书记的许可;(4)保证随时能与公司取得联系;(5)资金不足时,销售人员应积极主动地收回销售货款"等规定,加强了对销售人员的管理。

此外,有关商品发货和清算,规定:"(1)出售商品时,必须与顾客签订正式的销售合同;(2)销售人员向销售计划员出示销售合同,销售计划员根据销售合同制作商品发货通知;(3)总经理审查过商品发货通知后,签发同意书;(4)保管员按照商品发货通知发送商品;并将实际发货数计入商品发货通知,返回给销售计划员;(5)销售计划员向财务部出示商品发货通知后,财务部开具商品发货单和收据,销售货款未收回时,销售人员须向财务部出示未收款证明;(6)保安人员确认商品发货单及销售人员出示的未收款证明后,才可放行运送商品。"还就回扣工资做出了"(1)销售人员根据财务部所发的销售货款回收通知制作回扣工资表;(2)财务部确认回扣工资表内容是否属实;(3)销售部部长及财政部部长需审核各销售人员的回扣工资数目;(4)总经理审核该表后签发同意书;(5)财务部按照获得批准的回扣工资表支付给各销售人员相应的回扣工资;(6)在销售部公开各销售人员的销售定额、业绩及回扣工资"等相关规定,推进了有关销售运营方法的制度化。

1995年销售责任制试行后,销售货款回收情况有所改善,但拖欠的货款依然很多(未回收率约为43%),以至于给张瓷公司的日常经营造成了影响。同时,销售人员的收入差距大幅度扩大。表3-6所示的是1994年3月至1995年12月间,各销售人员的业绩及回扣工资(固定基本工资及生活费除外)。

表3-6 销售人员的业绩及回扣工资（1994.3~1995.12）（单位：元）

姓名	销售额	回收货款	拖欠货款	总回扣工资	月平均回扣工资
丁某	310108.81	208542.39	101566.42	27889.90	1328.09
李某	407507.15	218296.41	189210.74	22292.10	1061.53
刘某	47738.76	29404.09	18334.67	1000.00	47.62
侯某	145409.36	92733.70	52675.25	3244.41	154.50
牛某	119283.36	81702.73	37580.63	3149.45	150.00
高某	505693.21	237102.24	268590.97	44126.23	2101.25
合计	1535740.65	867781.56	667958.68	101702.09	807.17

资料来源：根据1996年3月5日张瓷公司财务部公司内所公布资料制成。

1996年3月13日，张瓷公司在综合考虑1995年销售责任制实施结果后，制定了《1996年销售责任制》。修订的销售责任制进一步强调了销售货款的回收必要性。

首先，基本工资被改为了生活费。为保证销售人员的生活安定，1996年销售责任制规定，"公司每月向销售人员每人支付200元，副部长300元的生活费，年底统计的销售额不影响生活费的发放"。

其次，将销售人员的回扣工资与货款回收率及回收期间联系在了一起。1996年的销售责任制规定："按每月收回的销售货款发放（从第一笔货款收回的月份算起）劳动者的回扣工资。回收率低于50%时，不予发放回扣工资；回收率处于50%~70%时，回收货款的8%；回收率处于70%~100%时，回收货款的12%；超过100%时，回收货款的16%将作为回扣工资发放给销售人员。"此外，对于销售货款的回收期间，也做出了详细的规定："卖出商品到销售货款收回的间隔时间的长短将影响回扣工资率。第二个月回收货款超过50%时，回收货款的6%；回收货款超过70%时，回收货款的9%；100%收回时，回收货款的12%将作为回扣工资发放给该销售人员。从第三个月算起，每推迟一个月收回货款，相应的回扣工资率将被削减2%。推迟5个月以上时，停止实施回扣工资制，勒令进行总结算，不遵从者将被处以处分，公司将停止销售商品的供应。"

再次，新责任制还采取了一系列奖励措施，激发了劳动者的劳动积极性。规定为"销售人员的年度销售货款回收率超过70%（包括回扣工资部分），且回收货款达到20万元、25万元、30万元以上时，可分别获得2000元、

3000元、5000元的奖金。这笔奖金将在年底支付。如销售人员每次销售活动的销售货款回收率皆超过70%，且回收货款超过3万元时，该劳动者每次可获得2000元的奖金"。

另外，新责任制还针对业绩不良的销售人员制定了严格的处罚规则。例如：除去1995年以前的回收货款，年度回收货款数额未满10万元（包括回扣工资部分）时，1997年起，该劳动者将被派遣到劳动现场工作。规定各销售人员的销售拖欠款不得超过10万元，只要超过了10万元，公司将停止产品的供应（提前支付全额货款的情况除外），勒令该劳动者专心收回货款。此外，新责任制加强了确认客户信息的体制，明确规定："将1995年的拖欠款与1996年的回收货款分开，同一客户的拖欠款超过3万元时，可拒绝（提前支付全额货款的情况除外）发货。"

张瓷公司试图通过1995年和1996年的销售责任制解决劳动者及经营管理中出现的各种问题，在促进运营方法及管理规章制度化的同时，突出了最终结果销售回收金额的重要性，将劳动者的回扣工资与销售货款回收率联系在一起，最终确立了以回收率为核心的销售责任制。

3.3.3 销量与货款回收率并重的责任制

1997年，张瓷公司的商品获得消费者的认同，生产规模进一步扩大，国内销售扩展至北京、上海、广州等大城市，国外销售范围扩大至马来西亚、新加坡、中国香港、日本等国家和地区，出口量不断增加。面对这样的现状，为进一步提高国内销售力，张瓷公司吸取了以往销售责任制的经验及教训，于1997年3月3日制定并发布了《1997年销售责任制》。

1997年的销售责任制的第一个特点是将销量与货款回收率并重。规定："年度销售任务为15万元（不包括回扣工资），没能达到规定的15万元时，累计回扣工资将低于按回扣工资率计算的结果的30%。销售货款的最低回收率定为85%（1997年的销售标准），1997年年度销售货款回收率没能达到规定的85%时，年底将不能获得回扣工资。回扣工资率沿用1996年的规定，回扣工资的发放时间取决于年度任务的完成情况。"对于任务的完成情况采取了以下的具体措施："一次销售收回的销售货款超过85%时，将可获得30%的回扣工资，剩下的70%视年底年度任务完成情况而定。没能完成年度任务时，剩下的70%回扣工资将不予发放。销售货款回收率低于85%，回扣工资为

零。"此外,对于至今未收回的货款,规定:"至1996年年底,未全部收回的旧货款的最低回收率设为60%,每低于10%,1997年回扣工资的10%将被扣除。根据旧货款的回收情况决定是否增加回扣工资。旧货款不能收回时,应全额回收销售出的商品。"

其次,还规定销售人员须上交合同书,经副经理(销售负责人)审核、总经理许可后才能发货,同时公司与销售人员之间签订有关销售事项的合同。在客户管理上,采取同样的客户未缴纳货款超过1.5万元时,不再向其发送新的商品;将一个客户包括新成交货款在内的未缴纳货款控制在2万元以下等谨慎措施。

另外,为了提高长期积累下来的拖欠款的回收率,1997年3月10日,张瓷公司成立了"1997年拖欠款清算特别班",预备有计划地全面回收拖欠款。清算特别班由销售部门负责人李某、财务部负责人刘某及李某三人组成,致力于对各销售人员的监督及棘手事项的解决工作。对于过去的拖欠款,制定了"督促所有款项回收。拖欠款的回收、商品的回收、易货贸易等执行率需达到90%以上。拖欠款的回收金额必须多于回收时所花费相关费用及商品的运费总和。按款项制成各自的清算结果报告书,审查后须作为财务处理根据存底"等详细的执行规则。清算特别班从1997年3月10日起至1998年3月10日,存在并运作了一年时间。

随着销售额的增加,生产规模的扩大,出现了库存品日益增多的现象。为解决这个问题,张瓷公司于1997年7月10日制定了《1997年临时销售规定》,意图加强销售实力。

临时规定的制定目的"为解决公司资金不足的现状,决定加大力度促进销售减少库存。在此特别时期,特制定以下临时销售规定"。规定内容包括"7月12日至8月末的销售货款最低回收金额定为6万元(包括回扣工资),销售货款最低回收率定为90%。商品销售价格按1997年规定执行,特殊场合由负责经理具体决定,交易方要求退还手续费时,由公司决定销售价格的负责人有李某、高某、胡某、侯某、张某,回扣工资率定为17%,如8月里能收回全部拖欠款,回扣工资将于9月上旬发放"等一系列临时措施。表3-7所示的是1998年发放给销售人员的回扣工资(固定基本工资除外)。

3 薪酬体系的制度化

表3-7 1998年销售人员的回扣工资（单位：元）

姓　　名	年回扣工资总额	月平均回扣工资
任某	864.0	72.0
韩某	1979.6	165.0
秦某	501.3	41.8
张某（一）	2194.3	182.9
张某（二）	3237.3	269.8
侯某	2501.5	208.5
张某	390.2	32.5
王某	2932.1	244.3
王某	1583.9	132.0
刘某	124.5	10.4
合计	16308.7	135.9

资料来源：根据1999年3月1日张瓷公司财务部于公司内部公布的资料制成。

将1998年销售人员回扣工资（月平均135.9元）与1995年回扣工资相比（月平均807.2元）可知，比之1995年，1998年销售人员的回扣工资已大幅度减少。此外，销售人员的收入差距由1995年的最大45倍缩小到1998年的最大26倍。由于销售工作的特殊性，1994年及1995年初期，销售人员与一般劳动者（1995年的平均月收入为378.3元）之间出现了巨大的收入差距。对此，劳动者之中传出了不满的声音。之后，张瓷公司做出了修订薪酬体系的决定。1998年销售人员回扣工资的减少、劳动者间收入差距的缩小恰恰表示张瓷公司的薪酬体系正一步步走向成熟。

张瓷公司的销售责任制从1994年起，一面致力于消除劳动者的不满情绪、解决企业经营管理问题，一面朝着适应市场经济体制的制度化方向发展。从初期的以销量为核心的制度出发，经历了以销售货款回收率为重的阶段，最终发展成为销量和回收率并重的责任制。销售人员的薪酬体系可以说是以回扣工资为主，由个人能力及业绩决定的薪酬体系。这样的薪酬体系从结果来说将残酷的竞争机制带入了销售人员之间。综观销售责任制可明显看出向能力主义的倾斜倾向。就现阶段而言，为克服计划经济体制的影响，全面提倡能力主义无疑是有效的，但从长远来看，笔者认为在重视生产效率的同时，多加实施以劳动者劳动生活为中心的政策更为必要。

 变革的内在动力——社会转型中的企业劳动关系分析

3.4 其他补贴

张瓷公司的薪酬体系还未最终定型，主要以基本工资及各项补贴为主。由于实施能力主义原则，张瓷公司劳动者的基本工资由计件超额工资、岗位工资、技能工资、赏罚工资等部分组成。其中，计件超额工资所占比例最多。除基本工资外，张瓷公司还为劳动者设定了各种各样的补贴项目，以下主要讨论其中的加班补贴、出差补贴。

3.4.1 加班补贴

张瓷公司里存在实施计件超额工资制度的工作和不实施计件超额工资制度的两类工作环境。前者的工资完全按照个人的产量进行计算，公司几乎不对其支付加班补贴。相对的，像管理职务等难以实施计件超额工资制度的工作，适用于加班考核制，则可获取加班补贴。1995年3月，张瓷公司制定了《关于管理人员及技术人员加班补贴考核及计算方法》，加强了对加班补贴的管理。

考核的具体程序是，由各部门指定考核负责人，指定的考核负责人制成加班登记表，在通过主管上司的审查、取得许可后通报给工资发放人员，最后由工资发放人员累计后于月底一次性发放给该劳动者。

加班补贴的发放金额为，连续加班1小时、2小时、3小时可分别获得2～4元、4～8元、8～10元的加班补贴；连续加班半天、1天、1.5天、2天则可分别获得8～15元、10～20元、20～30元、30～40元的加班补贴。

发放加班补贴时需遵循"由加班任务分配人和主管上司决定加班补贴发放金额，计入加班登记表中；加班换算为调休时，不再支付加班补贴。工资发放人员应根据加班登记表计算加班补贴"等规定。

此外，根据生产状况，公司可安排管理人员和非计件超额工资制劳动者在工作时间内临时从事非本职工作。此劳动虽视为无酬劳动，但可根据个人业绩作为该劳动者的综合评定的材料之一。1998年12月7日，张瓷公司制定了《有关管理人员及非计件超额工资制劳动者临时劳动的相关规定》，加强了对临时劳动的管理工作。

规定说明，鉴于最近发送产品等临时工作骤然增多，为提高管理人员参

加临时劳动工作的积极性，经经营会议研究决定特通过以下规定。"被通知参加临时劳动者，须在15分钟以内达到劳动现场。迟到者或违背指示者将被扣除30%当月业绩工资；无正当理由不参加者将被扣除50%当月业绩工资；累计三次不参加者，将被严惩"。另外，还规定临时发送产品时，应指定负责人，将管理人员分为两班，交替进行劳动。

张瓷公司虽然对于管理人员及非计件超额工资制劳动者的加班劳动规定了具体的加班补贴，但其具体实行情况却根据企业收益各不相同。因此笔者认为张瓷公司今后在此问题上还需制定一个相对固定的制度并加以贯彻执行。

3.4.2 出差补贴

一直以来，对于业务需要的出差，各地方政府都是按照中央设定的统一制度，加上各地的具体情况制定包括出差补贴等相关制度的。张瓷公司所在的张家市财政局，按照河北省财政厅通知（财政厅1996年第98号）精神，结合当地的实际情况，于1996年12月26日制定了《张家市政府机关职员出差补贴相关规定》。就出差时不同职务及职位的出差人员出差期间所该有的住宿标准，该获得的交通饮食补助、补贴做了详细的规定。并说明该规定作为最新规定，于1997年1月1日起执行。

而企业劳动者的出差补贴一直以来都是按照上述政府规定执行的。但自从企业自主经营体制实施后，遵照政府规定精神的同时，结合公司生产管理实情制定措施的企业有所增加。

张瓷公司也是根据不断变化的企业情况，分别于1993年、1995年、1998年三次修订了涉及劳动者出差内容的相关规定。

1993年1月8日，张瓷公司通过了《有关业务出差及出差补贴的暂定规定》，制定了以下规则。

首先，对于出差及其他费用的报账方式，规定："需要出差时，须先获得主管上司的许可，取得出差派遣书。在取得总经理的许可后，可从财务部领取预付的出差费用。出差返回后，1周内完成报账手续，返回预付金。报账内容必须获得主管上司的同意，还要经过总经理助理的审查及总经理的批准。因特殊情况，借款无法提前返还时，需取得主管上司及总经理的许可，与下月工资一并结算。上一次的出差费用报账没完成前，不能领取下一次的出差预付金。"

其次，就出差补贴做出了以下的规定，"中级管理职位以上劳动者每天可获得30元，中级管理职位以下劳动者每天可获得25元的出差补贴。火车费及公交车费公司实报实销，其他的费用由出差人员自己负担。乘车补助按1天的出差补贴计算（只出差1天时，只要超过12小时，全额支付）。于晚上8点至第二天早上7点这一段时间，如连续乘车超过6小时，距离超过300公里；或连续乘车超过12小时，距离超过700公里以上时，可乘坐卧铺车。符合标准但未乘坐卧铺车时，可获得夜间乘车补助（乘坐普快、快速火车时，补助相当于60%火车票的费用；乘坐特快火车时，补助相当于50%火车票的费用）"。

此外，还根据出差地及出差目的制定了如"去往宣化区（离张家市50公里远的郊区）出差时，须当天往返，出差补贴为每人每天3元（张北、万全等周边地区的情况也参照本标准执行）。去往外地接受职业培训时，每人每天可获5元的补助（但是住宿费需控制在每天15元以下）"等相关规则。

随着生产规模的扩大和经营管理的变化，1995年1月1日，张瓷公司在1993年规定的基础上，制定了《1995年业务出差相关规定》。1995年规定主要在以下地方做了补充。

第一，明确规定了由公司负担的费用的部分。规定中写到"交通费公司将实报实销，夜间乘车补助按照政府规定执行。非交通费部分，如低于10元，可在获得主管上司批准后作为公司负担部分进行报销；如超过10元，则必须取得总经理的许可。原则上，公司不予报销出租车费；特殊情况下，可在获得总经理批准后作为公司负担部分进行报销。出差期间，因个人过失被处以的罚金，公司将不予报销"。

第二，修订了出差补贴标准。规定"出差补贴将按部长级以上每天50元，部长级以下每天45元的标准一次性支付。总经理及党委书记出差时，公司将负担其出差所有费用，并支付每人每天20元的出差补贴。出席业务会议或参加培训时，公司将报销所有费用，并支付每人每天15元的出差补贴。去往宣化区出差时，1次将获5元的补助；必须要在外就餐时，每天可获10元补助；因工作关系必须要住宿时，按通常的出差标准执行"。

第三，加强了对出差的管理。例如：原则上，报销费用时必须出示正式的发票；特殊情况可由总经理决定如何处理。报销出差费用必须在返回公司后的一个星期内完成，没有许可推迟报销时，按超过天数，一天将被扣除1

元工资。领取公司的垫款前须获得总经理的批准，报销时应先归还该笔垫款。尽可能缩减出差时间，因个人原因延长出差时间时，超过部分的费用由劳动者自己承担。伪造发票或用车票虚假报销时，将被处以虚假部分10倍的罚金。除了上述的规则外，还限定"本规定仅适用于因张瓷公司事由出差的劳动者，签订了销售合同的销售人员并不适用"等适用范围。

在此基础上，1998年5月9日，张瓷公司制定了《1998年业务出差相关规定》。1998年的规定吸取了迄今为止的经验教训，根据社会环境的变化，提高了出差补贴的基准，增加规定了一些相关规则，进一步完善了该项制度的公平性和合理性。

3.4.3 其他

张瓷公司的薪酬体系除了销售责任制外，还针对劳动者请假等特殊情况制定了各种相关规则。

针对病假，1993年及1994年的薪酬体系规定"每天给予发放2.5元的工资"，而从1995年起，则将支付标准修改为"每天4元"。

针对劳动者自身情况所请事假，1993年薪酬体系规定"每天将被扣除5元工资"，1994年则变更为"计件超额工资制劳动者请假期间，停止实施计件超额工资制，给予发放休假工资。因劳动者自身情况请假时，休假期间不予发放工资，还将按照每人每天0.8元的标准进行扣减"，降低了扣减工资的额度。而从1995年开始，相关规定则修订为"休假期间不予发放工资，但也不予扣减工资"，彻底废除了扣减工资的规定。

1994年规定，"对于工伤规定范围内的负伤情况，将按每天4.2元的标准发放计时工资。婚丧休假期间，也同样按每天4.2元的标准发放计时工资"，该项支付标准从1995年起修订为"每天6元"。

此外，关于劳动者试用期内的待遇问题，1993年的酬体系规定，"短期合同劳动者的试用期为1个月，工资为男性劳动者每天5元，女性劳动者每天4.5元"，还特别针对高温烧结等工作制定了"烧结人员每月可获10元的高温补贴"，"全勤补贴为每月10元，夜班补贴按其他规定执行"等规则。

张瓷公司针对众多补贴的相关规定，随着薪酬体系的变化而不断变化，在适应企业经营管理及劳动者需求的同时，逐步走向了制度化道路。而市场经济体制的确立将会指引上述的规定进一步完善变化。

3.5 人事考核制度

张瓷公司自1993年正式成立以来,根据生产状况的变化,不断改革完善了劳动者的薪酬体系。而随着薪酬体系的制度化,建立与其相适应的考核制度成为张瓷公司经营管理工作的当务之急。为了解决这一问题,张瓷公司对于考核制度进行了各式各样的尝试。从初期以主观判断为主的制度,历经修订,逐渐转化成了现今的以职务标准为核心的考核制度。

3.5.1 以主观判断为主的考核制度

为体现考核标准的公正性及直观性,张瓷公司从1995起在薪酬体系之外,特别设定了考核标准分数制度,开始采用考核标准分数评判方法。表3-8所示的是考核标准分数的一部分。

表3-8 张瓷公司考核评判标准分数

项目	标准分	标准	得分	扣分原因	扣分
迟到	3			10分以下	-2
				20分以下	-4
				30分以下	-6
早退	3			同迟到	
对工作的自觉性	5	非常自觉	5		
		自觉	4		
		有些自觉	3		
		一般	2		
		不自觉	1		
对工作的积极性	5	同自觉性			
工作的结果(质)	30	特别好	30		
		非常好	25		
		好	20		
		比较好	15		
		一般	10		
		不太好	8		
		不好	5		
		非常不好	0		

3 薪酬体系的制度化

续表

项目	标准分	标准	得分	扣分原因	扣分
工作的结果（量）	10	业绩非常好	10		
		对公司有特殊贡献	10		
		被劳动者高度评价	10		
		业绩评价不错	8		
		业绩评价普通	6		
		业绩评价不太好	4		
		业绩评价不好	2		
		业绩评价非常不好	0		
对本职工作以外的劳动的态度	5	非常好	5	请假	-1
		好	4	旷工	-2
		一般	3		
		不好	2		
		非常不好	1		

资料来源：根据张瓷公司1995年的"考核分标准"制成（一部分）。

除了表3-8所示的项目外，张瓷公司还针对劳动者对临时工作的态度、与同事的合作、加班、请假等制定了具体的考核标准分。虽然该考核标准里的主观判断因素较为明显，有必要继续完善各项评判标准，但单从结果来说，该评判标准比之以往的制度客观评判标准有所增加，这一大步的进步也是不可否认的。

对于该考核制度，劳动者提出了很多的意见和建议。例如就职于财务部的男性管理人员提出："考核制度的实施将对公司的经营管理带来良性的影响。但是仍有不足之处。特别是考核的方法，我认为分三阶段进行考核更为妥当。第一阶段，管理人员评判，从管理人员中选出8名责任心强、值得信赖的人员，委托其对所有管理人员进行评判。第二阶段，主管上司的评判，主管上司对部下的工作情况十分清楚，可给出很真实的评判。第三阶段，经营者的评判，根据第一、二阶段的评判结果，为防止不公正，由经营者进行最终评判。"

另外，担任生产管理工作的刘某，在1996年2月15日提出的建议书写道，"现在，公司实行根据业绩考核决定劳动者工资制度。我认为在考核管理监督者方面，采取所属部门考核及分数考核并用的方法会更加有效。鉴于所属部门主管上司更详尽地把握着管理监督者的业务完成能力、业绩及日常工作状态，加上主管上司的考核结果，我认为更能正确地对管理监督者做出评价",提出了自己对考核制度实施情况的完善意见。

针对上述问题,1997年张瓷公司对考核制度进行了修订。修订后的业绩考核制度规定"公司将设立一支由12名管理人员及劳动者组成的考核小组,由他们负责对管理人员及非计件超额工资制劳动者实施考核"。关于考核方法的程序,修订后制度规定:"各劳动者请参照自己的工作标准,每个月对自己的业绩进行评判。在此基础上,主管上司每月对部下劳动者进行一次评判,最终,由考核小组根据个人及上司的评判对各被考核者进行考核。考核小组的评判结果将作为计算工资的决定性资料。"这项考核制度,虽明确了评判基准,实施三阶段考核程序,但由于评判标准中主观因素过多,实施后收效甚微。

之后的1998年起,为提高管理人员的工作积极性,强化考核制度,张瓷公司在管理人员和非计件超额工资制劳动者的工资内引入考核制度,规定劳动者的40%的工资为基本工资,余下的60%为可浮动业绩工资,此部分工资受考核结果影响。业绩工资的评判由自我评判、主管上司的评判、工作相关者的评判三部分组成,分别在总数中占据10%、70%、20%的分量。为了贯彻实施该项制度,财务部让有过此经验的副部长调至生产部门,组成专门小组,参与生产部管理人员及非计件超额工资制劳动者的考核以及工资计算工作。表3-9所示的即为1998年7月对康某进行的考核结果。康某隶属教育部门,负责人事和劳动者的培训工作,基本工资为每月400元,可浮动业绩工资的标准为每月500元。

表3-9 管理人员的业绩考核表(康某)1998年7月3日

被考核者姓名		考核结果 (获得的分数)	业绩工资			支付的业绩工资
			基准值	系数	获得的业绩工资	
康某		36.6	500	0.366	183.0元	
考核内容	自我评判	进行劳动者培训工作,取得了一定的成效。 按计划进行人事管理工作,未发生任何问题。 对现场的管理工作没能尽善尽美。 据此,自我评判为40分。 　　　　　　　　　　　　　评判者署名　康某				
	主管上司的评判	人事工作10,临时工作5,劳动者培训5,现场管理5,其他5 共计30分 　　　　　　　　　　　　　评判者署名　康某				

3 薪酬体系的制度化

续表

	被考核者姓名	考核结果（获得的分数）
业绩工资	工作相关者的评判	人事工作15，劳动者培训20，现场管理5，部门间合作5，累计加班3，其他劳动10，合计58分 评判者署名　张某、范某、师某、张某（女）
	公司的意见	
	备　考	

资料来源：根据张瓷公司管理人员业绩考核表整理而成。

1998年间，张瓷公司按照上述的考核方法对所有管理人员实施了考核。表3-10所示的即为7月对所有管理人员（24名）的业绩考核结果以及工资明细。

表3-10　管理人员的工资明细表（1998年7月）

编号	姓名	考核结果（获得的分数）			系数	业绩工资（元）	岗位工资（元）	工资（元）
		自我评判	上司评判	相关人员评判				
01	任某	32	25	27	0.261	78.3	300	378.3
02	高某	95	90	80	0.885	354.0	300	654.0
03	冠某	40	30	58	0.366	183.0	400	583.0
04	胡某	69	45	64	0.512	153.6	300	453.6
05	张某	40	25	63	0.409	204.6	500	704.6
06	师某	75	65	70	0.670	335.0	300	635.0
07	赵某	95	87	69	0.842	336.8	300	636.8
08	曹某	98	82	71	0.814	325.6	300	625.6
09	冯某	98	100	90	0.968	387.2	300	687.2
10	张某	69	61	67	0.630	315.0	300	615.0
11	梁某	90	68	65	0.696	278.4	300	578.4
12	潘某	82	60	65	0.632	189.6	300	489.6
13	胡某	85	64	75	0.683	273.2	300	573.2
14	李某	68	60	69	0.626	313.0	300	613.0

续表

编号	姓名	考核结果（获得的分数）			系数	业绩工资（元）	岗位工资（元）	工资（元）
		自我评判	上司评判	相关人员评判				
15	刘某	81	62	65	0.645	322.5	400	722.5
16	张某	87	63	65	0.658	263.2	300	563.2
17	范某	95	61	65	0.652	260.8	300	560.8
18	张某	0	20	75	0.290	145.0	400	545.0
19	张某	65	55	88	0.626	187.8	300	487.8
20	贾某	50	48	88	0.562	168.6	300	468.6
21	冯某	58	68	66	0.666	199.8	300	499.8
22	李某	5	15	35	0.180	144.0	600	744.0
23	刘某	66	75	95	0.781	624.8	—	—
24	姜某	5	—	60	—	—	—	—

资料来源：根据张瓷公司1998年7月管理人劳动者资明细表制成。

1998年的考核制度明确规定了考核项目，以及各项目的评判标准。与以往的制度相比，考核评判的客观标准有所增加，此外，为提高考核的公正性，还采用了由不同人员对被考核者进行全面考核的评定方法，考核制度可以说日趋成熟。其中，将60%的工资设为可浮动业绩工资的举措，也表明了经营者寻求高效的决心。但由于主管上司的评判结果占据了考核成绩70%的比例，可能会存在上司主观判断有失偏颇的现象。

注意观察表3-10的考核结果，可发现自我评判中存在自我评判98分、95分等高分和自我评判0分、5分；主管上司评判中存在被评判为100分和20分的两极分化现象。更出现了像18号的张某那样，自我评判0分、主管上司评判20分、工作相关人员评判75分的极端矛盾现象。

安德鲁·G.瓦尔达的研究指出，改革前的中国薪酬体系，不仅仅是按照单位劳酬及其他金钱上的评判来计算并发放劳动者工资，还根据该劳动者的勤劳程度、积极性、劳动态度、政治态度来决定劳动者工资。考核制度也是由于采取上司的主观评判方法及多元化评判标准，劳动者为提高自己的评判结果，不得不将重心转移到工作以外的行动及对人的态度上，结果降低了工作的积极性。

现阶段实施的张瓷公司考核制度，考核标准变得更加详细而具体，但其中占据了极高比例的上司及同事的评判部分，不得不说还残存有很多主观且暧昧不清的色彩。

3.5.2 以职务标准为核心的考核制度

张瓷公司的考核制度经历了数次修订，渐渐地趋于完善。虽然已经明确地规定了对每位劳动者的考核项目，但项目的客观标准仍然暧昧不清。为了彻底解决这个问题，自 1998 年下半年起，张瓷公司针对每个工作现场设定了具体的职务标准，决定实施按职务标准进行考核的考核方针。

1998 年设定的职务标准更为具体详细。以下将以供给销售部长的职务标准为例来说明其变化。

1993 年所设定的供给销售部长的职务标准为："（1）在总经理的指导下，携手生产，管理公司供给及销售业务工作，遵守合资企业的各种规定；（2）保持与其他部门的互通合作，维持供给、生产、销售之间的平衡；（3）积极主动地完成上司下达指示的工作。"可以说仅轻描淡写地确定了一下简单的职务范围。

与之相对的，1998 年的职务标准（副总经理兼供给销售部部长）从职务范围、工作标准、考核标准（根据工作标准达成情况实施的赏罚规定）、实施方法四个方面进行了具体规定。

职务范围方面，规定包括："（1）全权负责公司的销售业务工作，特别以如何收回销售货款为工作重点；（2）全权管理公司的供给业务工作；（3）全权管理指导营业相关劳动者的工作；（4）负责直销店的经营管理工作；（5）负责指定的业务工作，特别以包装工程为重点；（6）协助总经理完善公司的经营管理工作"等具体内容。

工作标准方面，根据职务范围的 6 个项目设定了与之相对应的合计 41 条的标准。考核标准则是根据 41 条工作标准制定了相应的 41 条赏罚标准。例如：工作标准的第一条为"全权管理销售业务工作，确保每月的销量及资金的回收率达到 100%，年度销售收入达到 300 万元。销售收入的具体分配方法为：4 月 20 万元、5 月 18 万元、6 月 18 万元、7 月 25 万元、8 月 25 万元、9 月 40 万元、10 月 45 万元、11 月 45 万元、12 月 30 万元"。而与之相对的考核标准则规定，"销售收入达到 300 万元以上且达成每月的计划目标时，考成绩为 40 分。任务完成度仅为 50% 时，考核成绩为 0 分。超过 50% 时，每超过 1% 考核成绩增加 1 分。低于 50% 时，每低于 1% 考核成绩减去 1 分"。

实施方法方面，规定由考核小组按照职务标准及实际成绩，根据业绩评定表每月进行一次考核。并以此为根据计算业绩工资系数，以决定给予劳动者的业绩工资。

按职务标准进行的考核，由于公司明确规定了各标准的详细内容，减少了人为的主观判断因素，增强了考核制度的合理性。但是，考核本身工作量大幅度增加，让人不得不质疑该制度的实用性。实施考核的中心人物副总经理（生产负责人）就此问题谈到："该考核制度的评定结果是好的，但太耗费劳力。有时甚至让人产生考核工作本身才是主要工作的错觉。希望能够得到进一步完善，增强其可操作性"，指出了该考核制度的问题所在。

对此，1994 年 4 月，张瓷公司将工作标准分为定量指标和定性指标两类，从两个角度进行工作考核。并规定定量指标占业绩工资的 70%，定性指标占业绩工资的 30%。例如：表 3-11 所示的就是负责生产的副总经理的定量指标。定性指标则包括："（1）管理新产品开发业务，确保生产安全，避免发生重大人身伤亡事故；（2）协助总经理的工作，致力于公司全体的经营管理，特别是劳动者的培训工作，力图提高全公司劳动者的业务水平；（3）以公司的利益为重，通过相互合作，促进人员之间的团结，为公司的发展作出贡献"等方面，并为 3 个指标分别设定了 10 分的分值（定性指标合计 30 分），规定将按指标的达成情况来计算分值。达成情况分"好"、"普通"、"不好"三种，分别将获得 10 分、6 分、4 分的分数。

表 3-11　副总经理（负责生产）的定量指标及业绩工资

	业绩工资的比率	指标完成度及业绩工资的支付率					
质量（优等品率）	30%	优等品率（%）	60	70	80	85	90	90 以上
		发放的业绩工资（%）	40	50	60	80	100	奖励
生产量（万元）	10%	达成的生产量（%）	80	90	100	105	110	120
		发放的业绩工资（%）	40	50	60	80	100	奖励
生产成本	10%	削减的成本（%）	110	105	100	95	90	80
		发放的业绩工资（%）	40	50	60	80	100	奖励

资料来源：根据张瓷公司 1999 年管理人员考核制度制成。

针对各工作场所的职务标准，公司在制定具体工作目标的同时也提供了明确的考核评判标准。此外，1999年的考核制度将定性指标与定量指标区别开来，变得更加容易实施。另外，通过削减依靠主观判断的定性指标的所占比例，规定以定量指标为核心（占70%），提高了考核制度的客观性。可以说，张瓷公司的考核制度从制定初期的以人为主观判断为重心的制度出发，随着经营管理的变化和劳动者的不断要求，历经了数次修订，正朝着以客观标准为中心的考核制度不断前进。

张瓷公司的薪酬体系从设立初期的平均分配、统一加薪到后来的生产定额制、计件超额工资制度、复合型计件超额工资制度、以质量为重的工资制度、以收益为重的工资制度，发生了巨大的变化。现行的工资制度虽然依然存在着很多不足，可随着市场经济改革的加深，张瓷公司的薪酬体系也正一步一步地走向制度化。

3.6 薪酬体系制度化的影响

张瓷公司为满足公司的经营状况及劳动者的要求，对薪酬体系进行了数次的修订，总体来说，该公司的薪酬体系带有重视提高生产收益，视计件超额工资为核心的特点。笔者认为其中通过实施竞争性工资制度，刺激劳动者的劳动积极性以达到提高其企业生产效率的目的等做法还是值得赞许的。

另外，因为实施以计件超额工资为核心的薪酬体系，企业中出现了能力主义至上，劳动者收入差距扩大，劳动者意识变化等问题。

3.6.1 收入差距的扩大

张瓷公司劳动者的平均收入，随着企业生产效率的提高，变动幅度多少存在着差别，但总的来说都呈现出增加的趋势。表3-12所示的即为张瓷公司劳动者的平均月收入。

表3-12 张瓷公司劳动者的平均月收入（单位：元）

年份	1993	1994	1995	1996	1997
平均收入	195.16	271.28	378.25	346.75	379.45

资料来源：根据张瓷公司的资料制成。

随着经济改革的步伐逐步加深,企业实施自主经营体制,除了生产产品外,产品的销售也成了企业需要自行负责的任务之一。张瓷公司特地设置了销售部,以期达到强化销售环节的目的。1994年至1995年间,张瓷公司还为销售部配备了6名专门销售人员。这些销售人员的收入以计件超额工资为核心,由个人能力及业绩决定。表3-13所示的为1994年3月至1995年12月间,销售人员按业绩计算后的月平均奖金。

表3-13 销售人员月平均奖金(单位:元)

姓名	丁某	李某	刘某	侯某	牛某	高某	平均
奖金	1328.09	1061.53	47.62	154.50	150.00	2101.25	807.17

资料来源:根据张瓷公司的资料制成。

如表3-13所示,销售人员的平均收入几乎是全公司劳动者的平均收入的约3倍。而销售人员之间也存在着最高收入(2101.25元)与最低收入(47.62元)相差44倍之多的巨大差距。之后,随着薪酬体系的不断完善,销售人员与普通劳动者之间的差距,销售人员之间的差距有所缩小,但仍然是惊人的数目。销售人员的奖金在张瓷公司确属特例,但它也真实地反映了薪酬体系导致劳动者之间的收入差距扩大这一现实。

张瓷公司确立能力主义薪酬体系的决定地位后,工作岗位之间,劳动者之间,在公司的很大范围内出现了劳动者收入呈现差异的现象。适当的差距确实能刺激劳动者的劳动积极性,提高生产收益。但张瓷公司现行的薪酬体系却因为能力主义"一边倒",在摆脱了劳动成果平均主义的同时,招致了劳动者之间出现过大收入差距的现象。其结果是,使劳动者产生了新的不满,还可能因此对企业造成不良影响。笔者认为,为确立适应市场经济体制的制度,克服劳动成果平均主义的影响是当务之急,但避免出现能力主义至上现象也是不容忽视的。

3.6.2 劳动者的接受程度

1997年的问卷调查中,面对"您对收入是否感到满意"一问,问答"满意"的只有12.3%,"两边都说不上"的占16.0%,问答"不满意"的比例最高,为69.8%,对现今收入表示出不满的人几乎达到了7成。另外,对于"您认为劳动者间存在的个人收入差距是否合理",劳动者的

3 薪酬体系的制度化

回答如表 3 – 14 所示。

表 3 – 14　您认为劳动者间存在的个人收入差距是否合理

属性 1	属性 2	人数	合理（%）	两边都说不上（%）	不合理（%）	不清楚（%）
全体	全体	106	20.8	43.4	30.2	5.7
性别	男	62	22.6	41.9	32.3	3.2
	女	44	18.2	45.5	27.3	9.1
工作岗位	经营管理者	13	15.4	38.5	30.8	15.4
	专门技术人员	14	21.4	35.7	42.9	0.0
	现场工作人员	66	22.7	50.0	24.2	3.0
	辅助人员	11	18.2	27.3	45.5	9.1
	不明	2	0.0	0.0	50.0	50.0

资料来源：根据 1997 年的问卷调查制成。

整体来看，回答"合理"的有 20.8%，与之相对回答"不合理"的有 30.2%。认为不合理的人群多于认为合理的人群，这意味着劳动者依然对能力主义存在着抗拒感和戒备心。此外，回答"两边都说不上"的人数最多，占到总数的 43.4%。这一数据也说明张瓷公司劳动者对本公司的薪酬体系还认知不足。另外，对于"产生收入差距的原因"，有 63.2% 的认为归因于"工作岗位及工种的不同"，大大超过了认为"是由于个人业绩差距"的 15.1%。

张瓷公司的薪酬体系招致了很多的不满，对于公司经营者这种能力主义至上的经营方针，劳动者之间产生了很强的戒备心。另外，虽说现行的能力主义至上的薪酬体系正在逐渐走向制度化，但公正的竞争环境毕竟没有形成。

张瓷公司劳动者及管理人员都给予了一直实施的薪酬体系一定的好评，但在修订和之后的实施当中也对此提出了各式各样的意见和建议。

例如：1997 年 11 月，上釉工序工作人员徐某就个人的工资制定方法向公司经营者提出了以下意见。"我想就我的工资制定方法问题咨询一下总经理。当初，我是上釉工序的检验员。在负责这个工序时，总经理亲自下令说我的工资应按照工序的平均计件超额工资计算。但是，事实上，7 月该工序的平均计件超额工资实为720元，我的工资却只有630元。此外，8月及9月，该工序的平均计件超额工资实为730元及400元，而我的实际工资却为530元及450元。请问，这样计算合理吗？我认为工序的平均计件超额工资高时，意味着我的工作量相对多，相反，工序的平均计件超额工资低时，我的工作量相对比较少。我的工资如果按照上釉各班的平均计件超额工资计算，此外，主管上司再根据我对公司的贡献制定技能工资，这样计算出的工资总额不是更为合理吗？这样一来，上釉工序质量高时，我的工资随之增加，质量低时随之减少。像这样适当地施加压力，我认为能达到提高我的质量意识和管理水平的目的。"

针对该建议，总经理征求了生产部门、模制部门、质量管理部门能相关人士的意见。模制部现场部部长就徐某的工资制定基本方法解释道，"该劳动者的工资是参考上釉工序每位劳动者的计件超额工资后，取其中间值500元，再加上技能工资所决定的"，另外还建议，"为使当事人信服，提高其工作积极性，最好能就此与生产部门再次进行协商"。工资管理负责人则提出，"看了徐某的建议，我感到本公司的工资制度还处于全面试点阶段，不足之处很多，有必要进一步完善和推进制度化进程。徐某的工资制定方法，我想应该是生产部考量了全体的平衡后所作出的决定，如有不恰当的地方应立即给予改正。徐某既为上釉工序的负责人，她的计件超额工资及质量工资最好能与该工序的业绩联系在一起"等意见。质量管理人员则提议："我参与过上釉工序的人事调动工作，赞成将徐某的工资与该工序的业绩联系在一起的做法。这样一来，既提高了徐某的工作积极性，同时又能对徐某进行工作考核。徐某现行的质量工资应按该工序平均水平制定。"最后，总经理汇总了各方的意见，与生产部门协商后，决定将根据上釉工序的平均水平来制定徐某的工资。

此外，1999年7月，张瓷公司以管理人员及劳动者为对象进行了访问调查。听到了以下有关薪酬体系的意见。

第一，针对"张瓷公司的薪酬体系是以计件超额工资为核心的。对此，您有何想法？"担任产品质量管理工作的李某（男，29岁，1997年4月加入公司）指出了薪酬体系中存在的"现行的计件超额工资薪酬体系体现了多劳多得的分配原则，在一定程度上促进了现场工作人员对工作的积极性。但是，其中还存在着很多的问题。生产人员不重视技术及操作规则，对质量工资的理解也不充分，单纯追求产品的数量。公司方面如不加强相关内容的教育和宣传，将会对产品质量的维持及提高工作造成巨大的影响"等问题。

担任生产部副部长兼模制部现场部长的师某（男，28岁，1992年10月加入公司）提出："计件超额薪酬体系体现了多劳多得的分配原则，有力地促进了竞争、提高了生产效率。但我认为在制定计件超额的定额及单价时，有必要合理地结合模制方法、产品形状、劳动者技能水平等各项因素进行制定"等意见。

第二，针对"您认为如何看待让工资与产品质量挂钩（质量工资）这一做法？具体对您的行动带来了哪些影响（请举例说明）"一问，担任质量管理工作的李某发表了"现在的劳动者工资由两部分组成。40%的计件超额工资以及60%的质量工资。现行的新薪酬体系确实有效地提高了劳动者的劳动积极性。但随着时间的推移，隐藏的一些问题开始逐渐显现出来。以产品缺陷为例，各工序的责任不明，以质量为重的思想始终没有受到大家的重视。甚至在生产流程当中，出现为确保自己工序的产量和质量达标率，无视前一个工序所交付半成品中还存在缺陷等现象。结果导致公司的产品合格率大受影响。另外，由于对产品缺陷情况的责任规定不明、不合理，严重地打击了现场生产人员的劳动积极性，为逃脱责任的口角争执不断发生"等看法，指出了质量工资实施办法的不合理之处。

担任设备维修工作的张某（男，24岁，1997年进入公司）还指出了生产活动当中存在的"发生质量问题时，责任该归于谁这个问题难以解决。管理人员又缺乏客观处理问题的才能，这无疑又给予了相关人士一个逃脱责任的机会"等问题。

师某和刘某还分别提出了"工资与产品质量挂钩，这一做法有利于提高产品质量及产品生产效率。但是，各工序对于产品缺陷该承担的责任和考核工作应该更合理切实地实施（师某）"和"我认为实施以计件超额工资制度为核心，质量工资制度并行的薪酬体系是适应公司的现状的。这迫使现场生产人员不能单纯追求产品数量，同时还要重视产品质量。这样一来，公司的经营状况大为好转（刘某，女，45岁，1993年5月进入公司，财务部兼生产部质量管理负责人）"等意见。

第三，针对"您认为将管理人员的工资与劳动者的产量挂钩这一做法能提高双方的责任感吗？"担任设备维修工作的张某提出了"我认为该制度难以具体实施，不能达到有效提高双方责任感的目的"等反对意见。

师某则表示,"因特殊原因,实行的最初阶段,我认为该制度确实达成了一定的目的。但是,事实上不论实施何种工资制度,管理人员全力致力于生产不是理所当然的吗"。

刘某根据自己亲身的业务经验,指出了制度实施上的不足之处。"虽然规定现场监督人员及非计件超额工资制劳动者的工资多少必须参考计件超额工资制劳动者的工资,但实际上并没有形成联动关系。应进一步增强管理人员的责任感。"

第四,针对"您如何看待赏罚工资,请从好、坏两个方面进行阐述。"李某谈到,"明确产品缺陷的责任分担有利于更合理地实施赏罚工资制度。在没能达成规定指标时,经营者经常认同了劳动者一味强调客观原因的做法,这可以说是对现场工作人员的人文体谅,但这样的处理方法并不能最终解决问题。例如:烧结工序的劳动者工资比较低。他们对于自己应该承担的产品缺陷责任却一味地强调客观因素。公司面对这样的情况,只是进行事由说明或按规定强制施以处罚。没有根本的解决方案。我认为这个问题的焦点在于没能明确责任分担问题",详细地分析了赏罚工资实施中所存在的问题点。

担任美术设计工作的冯某(男,27 岁,1992 年 12 月进入公司)则指出了赏罚工资制度以处罚为主的特点。"实施赏罚工资制度是对公司有益的。但是如果不能公正地执行就毫无意义。而事实上,却经常是需处罚时,立即执行,需奖励时,迟迟不动作这样一种现状。"

另外,还有烧结工序的现场工作人员秦某(男,23 岁,1997 年 5 月进入公司)提出应该加大工资制定过程透明度的提议。"烧结工序没有实施计件超额工资制,每月的工资根据产品质量的不同有所增减。但是,在被扣减工资时,从工资明细表上并不能看出扣减工资的原因,作为一名生产人员,也并不清楚今后的改进方向。如果能将扣减工资的原因在交付工资明细表时一同告知的话,我相信会对改进今后的生产活动起到很大的作用。这不仅有利于改善产品质量,还能给公司乃至劳动者个人带来收益。所以我希望,公司能加大劳动者工资决定、计算的透明度,让全公司劳动者都清楚自己加薪减薪的缘由"。

第五,针对"您如何看待现行的升迁、加薪制度?"冯某谈到,"人人均等升迁、加薪这一做法对于责任感强的人来说是不公平的。应该根据每个人的能力及业绩给予有能力胜任的人升迁、加薪的机会",指出现今依旧存在着人人均等升迁、加薪的不公平现象。

第六，针对"您认为公司对自己和同事的评价是否客观（公正）？"师某对现行的考核制度现状作出了"大多时候明确且公正，也有不知实情，妄下评定的时候"等评论。

担任生产部技术工资的潘某（女，32岁，1993年11月进入公司）对于考核制度作出了"计件超额工资制度及质量工资制度大体上是合理的。但因为是由人主观实施考核，所以结果多少会有所差异。而这样的差异会给被考核者的既得利益造成巨大的影响。所以希望公司今后能不断补充考核制度的内容，并使其更加标准化。此外，还希望能统一管理人员及非计件超额工资劳动者的考核标准，公正、客观地进行考核"等评价，并提出了期望公司进一步完善评定标准的希望。张某则就此谈到"制定工资时，人的要素过于重了。经常都是管理人员在根据个人的意思制定劳动者工资"。

担任烧结工序现场工作的王某（男，22岁，1997年5月作为一名实习生进入公司）指出了"薪酬体系的实施多基于主观判断。例如：在我们烧结工序，基本上实施的是非计件超额工资制度。但是，自1999年2月起，开始实施由岗位工资及质量工资构成的工资制度。到了3月、4月又变更为不论质量，只看工种的职务薪酬体系，而到了5月、6月，又变回了岗位工资及质量工资挂钩的工资制度。就这样，上司根据自己的主观判断频繁地变更工资制度，使得现场生产人员疲于适应。所以，我希望公司能统一一个正式的工资制度"等现存的问题，同时提出了统一并固定制度实施标准的希望。

第七，针对"您如何看待加班及出差补贴等相关规定（加班时间的计算、补贴的发放方法）？"李某指出了现存的"公司的加班补贴制度实行不到位。兑现所有的加班补贴，公司负担过重；只支付其中的一部分，则会引起劳动者的不满。我认为应该通过提高生产效率，削减加班，以确保劳动者的闲暇时间，这是劳动管理的问题"等问题，并提出了希望改进的方向。

张某及师某则分别谈到了加班制度的实施现状。"加班补贴与加班时间不相符合。加了班，也不一定能拿到该拿到的加班补贴"，"出差补贴确实是按国家规定实施的。但加班补贴则定得过低了。平均算来，一天的加班补贴还不足10元"。

师某还倾诉了自己期盼公司兑现加班工资的希望。"现行的加班制度实施太不充分了。加了班，希望公司能支付相应的加班补贴，不应将加班时间的

多少作为业绩工资的考核标准之一，而应该独立于业绩工资单独进行计算"。

第八，针对"您如何看待劳动者间存在的收入差距？请从好、坏两方面进行回答"，李某、张某、师某都分别给予了相对肯定的评价，"劳动者之间存在收入差距是理所当然的，没有必要深入考虑，这是实施多劳多得原则的结果。但是，我认为应该明确业绩工资的考核指标及标准，应该以此为基础进行计算，应该摒除一切主观评定"，"劳动者间的收入差距有助于促进劳动者间竞争、有利于达成生产目标。特别是对于计件超额工资制度的劳动者，效果更加明显"，"劳动者之间存在收入差距是理所当然的。这是实施多劳多得分配的结果。这有助于提高劳动者的劳动积极性，实现企业创收"等肯定的评价。

针对薪酬体系整体，还听到了"应该重视提高管理人员的工作效率"，"岗位工资应根据工作量划分等级。也就是说工资应该反映工作量"等劳动者意见。

烧结工序的赵某（男，22岁，1997年5月进入公司）谈到，"去年装窑及卸窑工作人员的岗位工资是每月360元，当时的工作量是每小时完成6个。今年由于提高了生产效率，工作量增加到每小时完成7.5个。与去年相比，每天的工作量增加了大约2个小时，但岗位工资每月却只有370元，仅多了10元。我认为工资与工作量不成比例"，表达了现场工作人员的心声。

对于张瓷公司的薪酬体系，管理人员及劳动者给予了相当的评价，同时也指出了很多问题、提出了将来的改进办法。值得一提的是，劳动者对于制度实施上的不满多于对制度本身的不满。所以笔者认为制度的实施以及考核标准进一步的完善工作将是张瓷公司今后的经营管理的工作重点。

3.6.3 劳动者意识转变

随着市场经济体制的发展，企业开始实行自主经营，支撑整个经营管理的薪酬体系也逐步走向制度化。在张瓷公司，劳动者的意识随着企业薪酬体系制度化的进程，逐渐发生了一些转变。转变观念后的劳动者提出了新的要求，这又反过来促进了公司经营管理制度化的发展。

1. 劳动积极性的提高

第一，逐步形成了依靠亲手劳动换取报酬的思想。在薪酬体系中引入能

3 薪酬体系的制度化

力主义,一方面克服了旧有的劳动成果平均主义思想,另一方面改变了劳动者对工资的认识。工资是由个人能力及业绩所产生报酬,这一理念逐步深入人心,劳动者之间存在的收入差距渐渐被大家所接受。劳动者的自主劳动愿望日益高涨,通过自己的努力来增加劳动的收入这一想法逐渐成为大家的共识。

对于公司引入能力主义的做法,劳动者谈到,"实行以计件超额工资为核心的薪酬体系消除了过往无论多劳或少劳,大家收入皆同的现象。虽然公司对工作的要求及考核变得严格了,但只要自己努力就能增加收入,这一点大多数人都是乐见其成的"。身为管理人员的模制部现场部长也高度评价了实施该薪酬体系,"现在劳动者都认识到自己的业绩将会影响收入这一现实,开始自发主动地追求产量及产品质量。这大大减少了我们的管理工作",肯定其对劳动者的劳动热情带来的正面影响。

第二,加大了对公司经营管理的关心程度。由于原来的国营企业只需按照制定详细的国家计划展开生产活动即可,所以造成了劳动者甚至经营者都抱着只要完成生产任务就行的敷衍态度,甚少有人关心企业的再投资、新产品的开发、商品销售等企业经营管理问题。而张瓷公司自开始实施以能力主义为核心的薪酬体系后,劳动者对公司的经营管理问题日益关心。在1997年以张瓷公司经营者及劳动者为对象进行的调查中,针对"您是否关心以下事项?"83.0%的被调查者回答"关心企业投资",91.5%的被调查者"关心企业新产品的开发",90.6%的人"关心企业的商品销售",91.5%的人"关心企业的生产状况(产量及产品质量)",91.5%的人表示"关心企业的收益",显示了劳动者对企业运营的高度关心。笔者认为这是由于所实施的计件超额薪酬体系将企业收益与劳动者收入挂钩,让劳动者意识到企业收益将直接影响自己个人的收入,增强了劳动者与企业间的联系,促使劳动者不得不关心企业整体。

另外,由于能力主义制度的确立,劳动者走向了一味追求产量的极端,延长劳动时间的劳动者越来越多。例如模制部就有大约30%的劳动者经常性地延长劳动时间,甚至一天超过法定劳动时间4小时的例子也不在少数。劳动者身体健康让人堪忧。

2. 追求自我实现的需求

1996年香川真及其带领的共同研究小组以中国企业的劳动者为对象进行

了名为"通过工作实现自我"的调查研究。据该调查结果表明,中国劳动者的欲求不论企业的组织形式及工作年限,多偏向于追求衣食住的安定、身心健康、时间及经济富裕等生存的基本。同时该调查还表明了中国劳动者重视人际交往和自我实现的强烈愿望。

1997年对张瓷公司员工进行的调查也显示出相同的结果。针对"撇开现在从事的工作不谈,您最想从事何种工作?"64.2%的人回答"希望从事能充分发挥自己能力的工作",回答"希望从事高收入的工作"的人仅有22.6%。尽管收入较低的现实迫使劳动者在现阶段不得不偏向追求时间及经济富裕等生存条件,但仍然有很多人表达了自己"希望从事能充分发挥自己能力的工作"的理想,以及自我实现的强烈愿望。

此外,员工们还阐述了"通过工作获得劳动收入无疑是最重要的事。但是,获得收入不是唯一的目的,我们还希望自己的努力能得到公司及同事的认同,希望在一个愉快的职场工作"等心声,表达了内心丰富多彩的希望和需求。

人的生存、人际关系、自我实现体现在工作生活上就是"待遇"(以工资为首的福利、劳动条件等)、"伙伴"(工作中的人际关系)、"工作"(肯定工作自律化的工作本身)。企业是由人组成的,也是由人操作运营的。所以,能够适应劳动者实现自我愿望的经营方针才是维系公司繁荣昌盛的重要环节。

本间康平[①]指出,作为职业的劳动应该是能够实现维持生计、实现价值、发挥个性等三个要素的活动。此外,劳动者的欲求、对工作的态度还随着社会和经济的发展而不断变化。现阶段的中国,由于工资水平较低,劳动者多偏向于追求提高"待遇",通过竞争性工资,确实是能达到提高劳动者劳动热情的目的。但随着经济的发展,在劳动者的基本生活有所保障后,笔者推测劳动者的愿望就将从追求"待遇"转向追求"伙伴"和"工作",期望获得劳动喜悦和实现生存价值上来。到那时,企业的政策也不得不适应这种变化一面维持能力主义,一面将重心转移到实现劳动者自我价值上去。

---

① 本间康平,《工作意识的国际比较》,《劳动调查》1993年第2期,第60页。

3.7 小结

张瓷公司的薪酬体系随着公司经营管理的改革和生产规模的扩大，逐步发展成为适应市场经济体制的制度。纵观其制度化过程，可总结出以下特点。

第一，引入了能力主义。张瓷公司的薪酬体系从设立之初的平均分配、统一加薪出发，经历了生产定额制、计件超额工资制、复合型计件超额工资制、以质量为重的工资制度等过程，最终转变为现行的以收益为核心的工资制度。这一系列薪酬体系的共同点就是确立了能力主义方针。也就是将劳动者及管理人员的工资与个人能力及业绩挂钩，以计件超额工资为核心的政策。张瓷公司这样的薪酬体系对提高劳动者的劳动积极性、生产效率确实发挥了巨大的作用。但这样的能力主义至上原则也导致了劳动者收入差距不断扩大的负面结果。在中国，将能力主义带入薪酬体系，当然有助于摆脱旧有的劳动成果平均主义的影响，但同时也带来了过分倚重能力主义的危险性。所以，笔者认为，今后如何巧妙地维持能力主义与劳动者共生共存整体感之间的平衡将是张瓷公司那样的中小企业的重要课题。

第二，实现了薪酬体系的多元化。张瓷公司在1992年成立之初，全公司劳动者实行的是统一的工资制度。之后，根据生产状况及劳动者的要求，考虑到销售业务的特殊性，1994年起又为销售人员设定了专用的薪酬体系。此外，还根据劳动者从事的不同工作内容和职位，分别针对现场生产人员和管理人员及非计件超额工资制劳动者设定了以计件超额工资和质量工资为主，以及以岗位工资及业绩工资为主的相异的薪酬体系。笔者认为，这样针对不同的适用对象实施的多元化薪酬体系提高了制度的可行性，使实施结果变得更为合理。

第三，加重了考核制度中客观评定标准的比重。随着薪酬体系制度化步伐，张瓷公司考核制度的改革也被提上了日程。初期的考核制度，缺乏客观标准，对劳动者及管理人员的考核几乎全是主管上司的个人判断结果。之后，为加强考核结果的合理性，张瓷公司在广泛听取劳动者及管理人员的意见后，针对各岗位制定了明确的岗位标准。该岗位标准一方面为劳动者指明了努力方向，另一方面也为考核制度提供了具体的标准。至此，张瓷公司考核制度中的客观评定标准有所增加，主观判断的比重得以削减。虽然张瓷公司的考核制度本身及实施上还存在着很多需要改进的地方，但客观评定标准比重的增加，可以说意味着张瓷公司的考核制度朝着高度化目标迈进了很大的一步。

劳动者意识转变成为了公司薪酬体系的制度化的巨大推动力。张瓷公司的劳动者及管理人员虽然很大程度上肯定了薪酬体系制度化所带来的成果，指出了其中的不足并提出了相应的改进方案。特别是针对工资制定方法和考核制度，劳动者对制度实施状况的不满远远多于对制度本身的不满。薪酬体系的制度化虽然也有基于企业经营管理要求的因素，但是很大程度上也是源于上述的那些劳动者的意见及建议。企业制度的变化引起了劳动者意识转变，劳动者对工作、对企业认识的转变也推进了企业经营管理的制度化发展。

第四，以提高企业生产效率及收益为核心的薪酬体系。张瓷公司薪酬体系的共同点是实施了将劳动者工资与个人业绩及能力挂钩，以计件超额工资为核心的制度方针。而且，张瓷公司每年都在不断地修订薪酬体系。这样做的目的除了改正存在的问题，还在于希望通过调整计件超额单价，将劳动者工资水平控制在地区平均水平左右，以期达到提高企业收益的目的。例如：1996年的薪酬体系将装饰工序的工作分为操作简单、比较简单、难、最难几个等级，将其计件超额单价分别从原来的 0.15、0.17、0.20、0.30 降低到 0.12、0.13、0.16、0.25。所以笔者认为，张瓷公司的薪酬体系可以说是在按照提高企业收益的目标不断变化的。

4

员工培训制度的变迁

每一个企业，因其规模、工种、人员构成、生产技术、组织模式等各个方面的不同，存在着各自不同的特殊情况。而通过学校教育获得的基本知识与技能并不能够马上适应企业的需要。所以，为了弥补这一不足，企业就要对员工进行企业内部培训。培训的目的在于从知识（基础知识、专业知识、经营知识等）、技能（专业技能、独创能力、决断力、指导能力等）以及态度（协调性、责任感、积极性等）等三个方面来拓展员工的内在潜力。

对于人们来说，工作是极其贴近生活的东西，生活中三分之一的时间几乎都花费在工作上。因此，人类生活的质量与职业生活的质量是密切相关的。使每一个员工的职业生活变得有意义，这不仅需要员工个人的努力，同时还需要企业制定一些通过每天的劳动、经营管理等来使得员工的劳动生活质量得以提高的政策。

从20世纪80年代开始，由于市场经济体制的渗透，中国的企业也开始重视企业内部培训，并逐渐将其制度化。1993年，河北省人事厅发布了有关外资企业中的中方技术人员和管理人员培训的通告，对于技术人员和管理人员的培训进行了行政上的政策指导。通告规定，"将要就职于外资企业的中方技术人员和管理人员应接受指定的培训。对于没有经过培训就上岗的人员，应该为其制订计划，使其能够轮流进行补习，两年内完成对所有员工的培训。各级人事部门与人才交流部门负责培训工作"，强调在外企就职之前，全员都应该接受培训。培训的内容包括"国家对外开放的方针、政策、经济法规、对外贸易、外资利用的基本知识以及与所担当的职务相关的专业知识"。对于经过培训达到合格的人员颁发"河北省外资企业中国员工就职合格证书"，获得合格证书的人员与企业签订的劳动合同才有效。

在企业内部培训逐渐被重视的社会环境之下，张瓷公司对于员工的培训进行了各种各样的尝试。接下来让我们从一般员工和管理经营人员两个方面，来分析张瓷公司的企业内部培训的实际情况和问题。

4.1 对于一般员工的培训

1992年张瓷公司创立之初，其员工基本上都不具备陶瓷器生产技能。所以在开始生产之前，张瓷公司督促其员工在公司外部进修，并随着生产的开始开展了各种各样的企业内部培训。

4.1.1 离岗培训

离岗培训是指在一定的时间内离开岗位，在教室等特定的场所进行的培训。根据培训内容及目的的不同，包括集中讲座法、事例研究法、企业外部进修等各种方法，张瓷公司采用了如下几种方法来对员工进行离岗培训。

1. 企业外部培训

从1992年后半年开始，随着企业的创立，张瓷公司将其员工派往同类企业学习生产技术。1993年1月，张瓷公司又对第二期企业外部进修班进行了如下调整。

对于整个进修，规定"第二期企业外部进修班包括13名员工，曹某与张某是负责人。进修地点为张家市宣化某陶瓷厂。进修时间为1993年1月5日至20日，每天8：10到达进修地点，下午乘15：05的火车回企。回到企业后，从16：00到17：00进行集中讲座"。

对于每个进修人员的进修内容，明确规定："曹某负责整个生产流程的学习，张某负责生产部的生产统计表意见等有关生产管理的学习。张某与刘某负责生产设备的保修，范某与赵某负责原料加工，田某负责原料的再加工、辛某负责原料质量分析，范某（女）负责半成品的修补，韩某负责上釉，田某（女）负责模型制作，李某负责烧结，贾某负责产品检查方面的学习。"

对于张瓷公司的员工来说，企业外部进修的最初出发点是获得陶瓷器生产技能，由于企业明确地规定了进修的进程以及每个人的进修内容，从而使进修效率很高，取得了很大的成果。其后，参加这一进修的员工成为张瓷公

4 员工培训制度的变迁

司的中坚力量,在生产、教育、监督等方面起到了核心作用。有人指出,由于其他企业在生产方式方面与本企业的生产方式有很多不同,大多数员工的企业外部进修的花费过多,并有很多不便之处,但是对于还没有开始生产的张瓷公司来说,这是最好的选择。

其后,随着生产规模的扩大,对经营管理和生产技术有了更高的要求,由此,张瓷公司为了吸收同类企业的经验,进一步强化了员工的企业外部进修。其具体措施为于1996年2月4日至7日,将员工和管理人员派遣至陶瓷器生产地区——唐山市,进行企业外部进修。唐山进修人员以总经理为首,包括生产部、财务部、原料加工部、成型部、烧结部等各个部门的管理人员和现场作业员工共48人。进修的费用包括交通费、住宿费、饭费等,共计11250元。对于张瓷公司来说,全体员工的约30%参加了这一次进修,费用虽然很高,但是企业和员工都有很大的收获。企业在其制定的进修注意事项中,就其目的和方法提出了明确的要求——"此次进修是为了使我们这个企业在1996年的经营管理更上一层楼,各个部门的管理人员和员工通过分析本部门与自身的工作状况,明确问题所在,带着解决这些问题的意识参加进修。进修结束后,应提交包括本次进修的感想、收获、今后的计划、合理化提案等内容在内的报告。"这样的企业外部进修虽然欠缺连续性,但是对于年轻员工人数比较多的张瓷公司来说,未尝不是一个有效的方法。

2. 企业内集中讲座

张瓷公司根据其生产状况,在生产任务较少的时期里,对于一般员工通过集中讲座,进行企业内部培训。培训的内容涉及陶瓷器生产专业知识,一般基础知识和企业的现状以及经营管理方针等。

截至1996年,张瓷公司为了形成稳定、高效的生产秩序,在员工的素质的提高及能力发掘上狠下工夫,进行培训。把每周二上午8:10至9:20的70分钟时间规定为包括经营管理人员在内的全体员工的培训时间,集中讲授企业的生产状况、经营管理的不足之处及改善措施,有关生产的基础性专业知识等。讲师为负责企业经营管理的整体工作的总经理、负责企业内部的生产和技术开发等日常运营的总经理助理、负责生产管理的生产部长,三者根据情况,轮流负责讲座。1996年后半年开始,随着企业人事及生产状况的变化,讲师及讲座方式(以部门为单位进行)多少有些变化,但是这样的培训一直持续着。

变革的内在动力——社会转型中的企业劳动关系分析

1998年2月,张瓷公司的总经理拜访了位于日本关东地区的相关销售企业,拿到了总数约65万美元的订单合同。这一合同相当于张瓷公司的年度生产总量,为完成这一合同,张瓷公司的经营人员制定了一个需要竭尽全力工作的计划。为了把企业状况和经营方针全面传达给从事生产的员工,从3月开始,历时两周,企业对包括管理人员在内的全体员工进行了集中讲座。

该次集中讲座由生产部制订计划并担任责任人,企业内部的技术人员担任讲师,参照生产现场的问题,历时10日系统地教授了陶瓷器生产的专业知识,希望通过学习专业知识及技能使产品质量得以提高。在集中讲座的后期,总经理召集了全体员工大会,向员工讲述了企业的现状并提出了希望"我们企业现在与日本签订了很大的一笔订单合同。但是,企业的产品质量还无法达到其要求。为了完成与日本签订的合同,至少要把产品合格率由现在的70%提高到80%"。对于今后的经营方针,总经理又讲到,"我们的目标就在于产品质量的提高,以80%的合格率为目标,明确各个岗位和个人的责任,进一步强化管理"。

虽然是不定期的举行,但是张瓷公司一直都是根据生产状况,频繁地进行着集中讲座式的培训。但是,如果讲座的内容与听课人员的知识和水平不相符合的话,讲座将变成讲师单方面讲授、听课者被动接受的状况,这无法刺激听课人员自发的行动,从而无法达到预期目的。所以,对于1998年3月的集中讲座,员工的评价是"历时两周的集中讲座太长了,与其坐在那里听课,还不如让我们动起来进行实际操作更好一些"。

另一方面,通过员工大会向员工传达企业现状和经营方针的方法,能够在短时间内将信息传达给全体员工,可以及时全面地掌握员工的反应,对于张瓷公司这样的中小企业,是十分有效的方法。

另外,企业还就新技术和新知识的学习进行集中进修,以图发掘员工的能力。通过在经营管理中导入电脑、获得技术,这对于员工来说也是越来越现实的课题。张瓷公司在这样的状况的基础上,于1988年10月27日制定了一个以电脑操作为主要内容的进修计划。进修通知中提到"由于希望参加本次进修的人员较多,将全部人员分为两个班。住在市内的员工为第一班,进修时间为每周三和周五的14:00至17:00。住在企业宿舍及企业周围的员工为第二班,进修时间为每周的周六和周日下午14:00至17:00。第一节课从10月28日开始"。

4 员工培训制度的变迁

3. 在培训部的培训

从 1998 年开始，由于希望进一步提高产品质量，生产管理更加严格，员工素质和能力也需要进一步提高，强化培训成为一个迫在眉睫的问题。为了充实对于无法胜任现任岗位的员工的再培训，从 1998 年 5 月开始，张瓷公司以党支部书记和原思想部部长为责任人，设置了培训部，以图强化对于员工的培训。

企业为确立高品质的生产秩序，重新审视员工担当的职务，在员工不胜任工作职位的情况下，将该员工调至培训部，使其接受再培训直至合格。劳动者在转入培训部的时期，一边接受培训，一边让其担当临时工作，其间的待遇根据业务内容而定。以下是 1998 年 5 月张瓷公司制定的"转入培训部的员工待遇的规定"。

转入培训部的员工待遇的规定

现在，我们企业的生产虽然已经有所好转，但是为了进一步提高产品质量、确保本年度的生产目标，规定如下：

1. 参照如下 4 点决定因个人原因从生产现场转入培训部的员工的待遇：
（1）同时从事其他工作的，按日工资每日 10 元计算。
（2）只参加培训不工作的一律每日 3 元。
（3）转入培训部后，不请假就不出勤的，视为缺勤。
（4）缺勤超过 15 天，即解雇。

2. 从生产现场以外的岗位调入培训部的，在接受培训后一律派往现场工作。

3. 实习生与试用期工作人员的待遇适用以前的规定。

4. 企业的集中进修和培训适用以前的规定。

张瓷公司
1998 年 5 月 22 日

员工被转入培训部后，"从事其他工作的，其待遇变更为日工资制，每天 10 元。不从事其他工作只是接受培训的，每天一律 3 元"，这也意味着对于不胜任的员工，不仅可能会让其转岗，有时还可能将其工资减少到原来的三分之一，让其待岗。从中可以看出经营者这样一个目的，即在岗位之间、员工之间导入竞争机制，通过收入来提高员工的劳动意识和责任感，从而使生产效率得以提高。

张瓷公司对于员工进行的离岗培训，一方面通过集中讲座系统培训一般基础知识和专业知识，另一方面通过员工大会向员工传达企业状况和经营方针，得到员工的理解和合作，还通过培训部的再培训提高员工的劳动意识和责任感，这在提高员工的知识水平和改善员工工作态度方面十分有效。

4.1.2 在岗培训

所谓岗位培训是指在处理日常业务的时候，一边接受上司、长辈的指导、建议、批评、检查，一边逐渐积累有效处理事务的技术、技能和知识的过程。张瓷公司的岗位培训方法为：对于处于试用期的新员工，安排专业员工对其进行指导的见习制度，上司和长辈的日常指导。

1. 见习制度

如前所述，张瓷公司根据不同的工种来录取不同的员工。所以，在招聘员工的时候，员工被录用后所属的部门和所担当的职务都是定好的，除非有特殊情况，否则是不允许调动的。在这种雇用制度下，被录用的员工入职后马上被分配到固定的岗位开始见习。

现场工作人员的见习、实习时间根据职务的难易度和个人的熟练度而有所不同，一般是2～4周。见习、实习期在张瓷公司也叫做试用期。在此期间，企业指定熟练度较高的专业员工担当新员工的岗位培训工作。培训内容不仅包括其所担当的职务的专业知识和专业技能，还包括工作责任感的形成、工作意识的提高等。见习、实习期结束后，根据这个员工的能力和工作熟练程度，由顶头上司和生产部来决定是否正式录用他。大多数情况下，被正式录用的新员工都会与对其进行培训的担当人在同一岗位工作。

处于试用期的新员工和担当培训工作的人员的关系是暂时的上下级关系，试用期结束后，该担当人的意见通过顶头上司直接影响到该员工能否被正式录用。

张瓷公司的这种见习制度的见习期虽然很短，但是培训的目标明确，被传授的知识和应该学习的课程都很具体，同时还由于这直接影响到该员工能

4　员工培训制度的变迁

否被正式录取,所以,这些员工的主动学习意识也更为强烈。另外,由于新员工的成长反映了培训担当人员的努力程度,间接地也进一步加强了培训一方的教授意识。

2. 上司和长辈的指导

张瓷公司的生产中,大多数为手工操作、协同操作,所以不但要求个人的工作熟练度,还需要作为一个团体的整体员工的平均的技术技能水平。根据这一特点,张瓷公司一方面把员工、监督管理人员的绩效工资与其他协作员工的工作效率联系起来,另一方面以图通过上司、长辈的积极指导,提高员工的整体技能水平。

比如说,在张瓷公司1994年的佣金体系下计算成型部员工的绩效工资,规定"成型1类的员工的绩效工资以修补半成品的绩效为计算基准,即该基准的1.05倍,修补人员为该基准的0.95倍。另外,以成型部的平均绩效工资为基准,杂务为该基准的80%,模型制作人员为85%,副部长为95%,现场部长为100%"。通过以修补半成品的绩效来作为计算基准,使成型与修补两个关联环节的作业一体化,相互监督,相互刺激,逐渐成长。再者,由于现场部长等监督管理人员的绩效工资受到成型部的平均绩效的影响,在日常业务中,这些上司对于员工的指导更为积极。

4.2　经营管理人员的培训

在张瓷公司,对于监督管理人员的培训也包括企业内部的集中讲座和企业外进修,但主要还是以通过在经营管理会议上同事与相关部门的活跃讨论,使大家认识到其所担当的业务的状况以及改善方向的企业内部的培训为主。

4.2.1　企业外部进修

根据生产的需要,张瓷公司会督促监督管理人员进行企业外部进修。比如,1993年1月的企业外部进修虽然是以员工的培训为主,但是同时也包括监督管理人员的培训。参加张家市宣化某陶瓷厂的进修人员中,作为进修班负责人的曹某和张某是张瓷公司的管理人员。开始生产后,曹某被分配到技术开发部,目前正担任新产品的开发工作,其间还做过开发部的代理部长。张某被分到生产部,担当生产管理业务,成长为生产部的中坚管理人员。

由于从1997年11月开始，要向日本的相关销售企业提供产品，技术开发部的造型负责人出差北京、上海、广州等经济发达地区和同类企业，进行了历时两周的企业外部进修，收集了大量的信息。同时从日本方面收集同类产品的资料，研究日本文化和社会的特点，认真研究能够被日本消费者接受的产品设计和装饰。从而1998年2月总经理的日本访问才能够取得成功，得到了总数约65万美元的订单合同。

另外，根据工种和职务的不同，还会进行个别的企业外部进修。比如，劳动管理担当人员参加其所管理的劳动管理行政部门的短期进修；负责进出口业务的担当人参加了有关关税的政策和制度的进修；财务担当人员参加了财务局的进修，接受检查指导；治安管理人员参加了公安局的进修，接受指导。

在中国，通信培训、以在职人员为对象的成人教育、大学的夜校教育等非常盛行。张瓷公司基本上都会采用奖励的方针来鼓励员工、监督管理人员接受这样的培训。担任进出口业务的胡某接受了通信高等教育。当有考试和集中课程的时候，工作上只要没有紧急任务，是可以请假的。1999年7月，为了健全并制度化在职学习，规定员工所学的专业需与其现在所从事的工作相关，并得到企业的认可。同时还规定，在得到许可的情况下，其学费可由企业来负担。

经营者的培训基本上是以自发的学习为主。一般都是专家讲授的企业外短期进修。1997年秋，总经理参加了从台湾来的经营管理专家举行的短期进修。这次进修历时3天共计25个小时，主要讲授的是中国企业的经营管理和今后的经营管理的变化。对于这次进修，总经理的评价是"虽然费用很高，但是真的很不错"。

4.2.2 公司内部培训

对于监督管理人员，张瓷公司实行的是在企业内部进行短期集中讲座和培训部的再培训等。集中讲座的目的是，以张瓷公司的经营人员、技术人员、从企业外部邀请的专家为讲师，将22名（截至1998年3月）监督管理人员和经营人员集中到会议室，使其接受有关陶瓷器生产的专业知识、经营管理知识、经验等的系统讲座，将日常业务执行过程中积累起来的经验和知识理论化。这样的讲座虽然并不定期，但是会根据经营人员的判断在必要的时候举行。

4 员工培训制度的变迁

另外,规定从1998年5月开始,在监督管理人员中如果出现不胜任的人,应该将其转到培训部,使其接受培训部的再培训。前面讲述的有关转入培训部的员工的待遇规定中,规定"从生产现场以外的岗位转入培训部的情况下,接受培训后一律派遣到生产现场",将不胜任的监督管理人员转入培训部,培训后其有可能被分配到生产现场工作。

4.2.3 通过经营会议进行的培训

对张瓷公司的监督管理人员进行的企业内部培训大多是通过企业的经营管理会议,重新认识其所担当的业务状况和不足之处,并与实践相结合而进行的。从1998年3月开始,为了进一步提高产品质量,以经营者为首的全体监督管理人员参加了培训。这次培训的核心目的是使从经营者到一般监督管理人员都更加全面地认识其所担当的职务,创造出一个能够使产品合格率达到80%的经营管理基础。表4-1所示的为当时培训的主要流程。

表4-1 会议记录

时 间	会议摘要
3月9日 (星期一) 13:00~16:00	经营管理会议 与会人员:总经理、副总经理、各部部长,共计10人 议题:①企业经营状况 ②总经理出差日本的报告 ③1998年经营管理的基本方针 决议:①1998年以提高产品质量为核心任务 ②为改革员工和经营管理人员的工作意识,进行集中培训,强化目标管理
3月10日 (星期二) 13:00~16:00	经营管理会议 与会人员:总经理、副总经理、各部部长、现场部部长、监督管理人员,共计22人 议题:①企业的经营状况的说明以及从日本获得的订单、汇报结果 ②决定1998年经营管理的基本方针 决议:①1998年以提高产品质量为核心任务 ②为改革员工和经营管理人员的工作意识,进行集中培训,强化目标管理 ③从经营者到监督管理人员,都应该重新认识其所担当的职务,自己制定职务的责任范围、基准、评价标准、赏罚措施,由主管上司审查,18日之前提交,在以后的会议上讨论决定

**变革的内在动力——社会转型中的企业劳动关系分析**

续表

时间	会议摘要
3月11日 （星期三） 13：00~16：30	经营管理会议 与会人员：总经理、副总经理、各部部长、现场部部长、监督管理人员，共计22人 议题：1998年各项管理制度的制定 决定事项：决定制定各项制度的责任人，并于下周五之前提交到总经理办公室
3月12日 （星期四） 14：00~17：00	经营管理会议 与会人员：总经理、副总经理、各部部长、现场部部长、监督管理人员，共计22人 议题：职责范围、基准、考勤、赏罚规定的制定 决议：向总经理说明经营管理人员不清楚的地方，明确以上规定不是针对个人，而是针对其职务的原则
3月13日 （星期五）	技术开发部会议 与会人员：开发部部长、部长候补，共计4人 议题：开发部的不足之处和今后的方针 决议：18日12点之前提交各自的职务内容规定
3月16日 （星期一）	生产部会议 与会人员：生产部部长、部长候补，共计4人 议题：生产部的不足之处和今后的方针 决议：有关生产部的11条规定的确认
3月17日 （星期二）	财务部会议 与会人员：财务部部长、财务部部员，共计6人 议题：财务部的不足之处和今后的方针 决议：再次审视各自设定的规定
3月17日 （星期三） 14：00~17：00	经营管理会议 与会人员：总经理、副总经理、各部部长，共计10人 议题：就有关各部部长提出的职务内容规定进行讨论 决议：现阶段的规定不够具体，不具有可行性，在修改的基础上明天继续审议
3月18日 （星期四） 13：00~17：00	经营管理会议 与会人员：总经理、副总经理、各部部长、现场部部长，监督管理人员，共计22人 议题：①就总经理的职务内容规定的讨论 ②就各部部长的职务内容规定的讨论 决议：①总经理的职务内容规定共计8款34条，虽然有考勤标准和赏罚措施，但还是有必要继续讨论 ②各部部长的职务内容规定也应继续讨论

资料来源：该表由笔者参加了张瓷公司以上会议后，根据会议内容整理制作。

有关职务内容规定的经营管理人员会议大约持续了两周的时间。其后随着4月生产的扩大，集中会议暂时结束了，但是各个部门依然进行着有关重新认识职务、规定职务内容的讨论。有关集中会议中以规定职务内容为核心的培训，管理人员们评论道："通过对职务内容的规定，可以再次认识自己所担当的任务"，"会议中，自己的提案被大家讨论成为很大的精神压力，今后应该更积极地行动"，"规定职务内容也就是再次认识自己所从事的工作，制定过程本身就是一个很好的学习过程，虽然很辛苦，但是真的是一次很好的体验"，这充分表明了培训的效果很好。

4.2.4 质量管理

随着张瓷公司生产技术的成熟，其产品逐渐为消费者所熟知，生产规模也逐渐扩大。同时，随着海外出口量的增加，到了1996年后半期，产品质量的进一步提高逐渐被提上日程。为此，张瓷公司强化了质量管理，想通过质量会议等活动来进一步提高管理人员和员工对产品质量的关注程度。1997年5月14日，采用《定期举办质量会议的决定》，意图强化质量管理。决定中明确提到定期召开质量会议的目的在于"这几年，企业的品质管理取得了一定的成果。但是，在质量的管理上依然存在着许多不足。特别是1997年市场上对于产品质量的要求进一步严格。为了强化产品质量管理，除了现行措施以外，决定从5月15日起恢复定期质量审核会议"。具体规定："至少每周召开一次产品质量会议，以潘某为责任人。根据潘某的判断决定产品质量审核会议的出席人员，李某负责联络出席人员。质量审核会议是解决企业质量问题的专门机构，代表是以潘某为首的质量管理集团的成员。质量会议的任务是企业内部的最终质量的鉴定和质量工资的恰当的支付"。

另外，决定还指明当发生质量问题时，应立即组成专门研究小组解决问题，并在解决的基础上采取严格的赏罚措施。1997年12月，9号、6号锅发生龟裂、刷釉缺陷等问题，针对此事，企业成立了专门小组以解决问题。为表彰专门小组的成绩采取了以下奖励措施。

> 1. 奖励"9号、6号锅龟裂"质量改良小组480元。
> 2. "刷釉缺陷"质量改良小组由于没有什么进展不予奖励。
>
> 小组负责人应尽快分配奖励金。
>
> 张瓷公司
1997年12月4日

产品的质量直接影响到企业的收益。张瓷公司不仅定期举行质量会议，还把企业内产品质量的最终鉴定以及员工的质量工资的支付等权限交给了质管小组。并且，针对质量问题还成立专门小组，通过奖励措施推进其活动。其结果是这不仅解决了生产中的质量问题，还成了管理人员和员工的企业内部培训的一环。这不仅意味着产品质量管理的制度化，从中还可以看出张瓷公司的经营人员十分重视产品质量的姿态。

有关员工的企业内部培训，张瓷公司于1998年7月制定了《培训制度》。该制度明确规定，"根据需要企业会定期或不定期地进行培训。对新员工进行企业内部培训，企业相关人员担任讲师。对员工和管理人员以企业内部培训为主，企业相关人员和主任以上的管理人员担任讲师。参加培训的人员（包括讲师在内）都应该在时间、内容等方面严格遵守计划。（包括讲师在内）不可拒绝参加培训。培训结束后，进行测试，或者由参加人员提交报告，将其作为员工业绩考核的资料"等。该制度的导入进一步推进了张瓷公司的企业内部培训的制度化。

4.2.5 以职务为基准而进行的自我能力开发

张瓷公司将推进在职的自我能力开发作为管理人员培训工作中的一环。对于各个岗位，设定职务基准，明确有关现任职务的学习目标。随着海外市场出口的扩大，为强化出口业务的管理，1996年1月23日，张瓷公司制定了《张瓷公司有关出口业务的规定》，要求提高相关责任人的业务水平。

该规定由合同交涉、商品生产、有关出口材料的整理和审查、商品的通关监察、通关手续、商品输送、保管、财务、培训等9款50条构成。

比如，有关合同的交涉规定："（1）交涉合同的责任人应以公司利益为主，以开拓市场和保护交易双方的利益为主旨，就本企业的产品销售与顾客进行交涉，当顾客希望视察本企业的情况时，应全力做好接待；（2）交涉合

4 员工培训制度的变迁

同的责任人不应计较个人利益，周全地与顾客进行交涉，禁止给企业带来损失而为自己谋取不正当利益，禁止向顾客索贿，一旦违反此要求，根据违反的严重程度予以重罚；(3) 原则上本企业的合同交涉责任人与顾客之间不存在物或钱的交涉，如有特殊情况，需经主管上司的许可并向总经理汇报；(4) 交涉合同的责任人应经常学习国家的政策和法令、企业的规定和制度，不断提高自己的业务能力等"。

有关业务责任人的培训规定了"(1) 企业应对进出口责任人进行培训，提高他们的业务执行能力，充分发挥员工的工作意愿；(2) 在不违反国家政策的前提下，企业支持员工对扩大出口所做的努力，并根据因此而获得的利益来奖励员工；(3) 企业定期对进出口责任人进行培训"等培训事项。

这样，张瓷公司不限于进出口业务，还就财务管理、新产品开发、生产等岗位，一边对其进行改善，一边设定更为明确的职务基准，提高管理人员的学习意识，促进员工在职的自我能力开发。

4.3 员工对培训效果的评价

对于培训效果的评价，既包括围绕着生产力的提高、产品质量的改善、劳务管理费用的降低等经济效益的物质上的评价，也包括从培训所带来的员工工作意识和行动的改变、岗位上与同事和上司之间的人际关系变化、工作士气和劳动意识的提高等从社会角度作的评价。如果缺少社会角度的评价，培训就变成摸索性的活动，无法一贯性地维持其理念、方针、目标。

为收到更好的培训效果，张瓷公司在生产现场，尝试着通过不同岗位的技能竞赛来提高员工的学习意识。培训后，以全体听课员工为对象，进行问卷调查，验证培训效果。

4.3.1 技能竞赛

从1993年8月开始生产以来，虽然员工的生产技术和技能还不是很高，但是张瓷公司的产品受到了消费者的好评，需要进一步扩大生产。为提高员工的技术和技能，确立高效的生产秩序，张瓷公司决定从1993年10月开始，在各个工种和岗位之间开展技能竞赛活动。当时的技能竞赛活动的规定如下：

劳动竞赛活动的通知：从8月开始生产以来，通过企业本部的支持和全体员工的努力，PL瓷器的生产量和质量都提高了。为使产品的一级产品率达到70%以上，决定从10月开始，在子公司范围内开展以"切磋雕琢，技能熟练"为口号的劳动竞赛活动。其目的是选出技术熟练的员工，让其成为全体员工的带头人，使企业的生产活动充满活力。具体内容如下：

组织机构：设立竞赛活动管理小组（成员中有主管上司与现场部长）

竞赛方法：(1) 竞赛在同一工种之间进行；(2) 各个工种的责任人竞赛其业务内容基准的达成程度；(3) 比试烧结的质量。

10月的竞赛日程

11~15日：宣传；16日：准备；17日：现场技能竞赛；18日：确定"技能熟练工"；19~20日：颁奖仪式。

其他

(1) 每月一次竞赛活动；(2) 每月给"技能熟练工"适当地加薪；(3) 对于连续三次获得"技能熟练工"称号的员工给予特别奖励200元；(4) 在现场竞赛中表现不佳的员工适当减薪；(5) 给予通过竞赛熟练度得以提高的员工适当的加薪。

该竞赛活动持续到1995年年末。

张瓷公司
1993年10月10日

该规定明确了举办技能竞赛的目的，具体规定了竞赛方法、组织机构以及10月的竞赛日程。对于竞赛中出现的优秀员工采取了奖励措施，如对每个月的"技能熟练工"给予适当的加薪奖励，对于连续三次成为"技能熟练工"的员工给予特别奖励200元，给予通过竞争熟练度得以提高的员工以适当的加薪奖励等。对于成绩不佳者则按规定给予适当的减薪。企业通过这些规定促进全体员工的技术和技能的提高。

另外，在开展竞赛活动的实践问题上，规定每月举行一次，一直持续到1995年年末，计划了一个长期的活动，以期通过竞赛的刺激来提高员工的学习意识，使其技术和技能得以提高。

4.3.2 问卷调查

张瓷公司从1995年开始了以全体员工为对象的问卷调查活动,到1998年为止,共进行了五次。其内容每年都有所变化,但基本上都是有关公司的一般常识,有关生产的基本专业知识,有关经营管理的意见,对经营管理人员个人的工作和人格的意见等。1996年3月进行了第二次全体员工问卷调查。

从张瓷公司的第二次全体员工调查问卷表的内容可以看出,经营者想要通过调查首先确认员工的培训效果,然后把握员工的工作意识的意图。

第一,有关确认培训效果这一点,是通过总结1995年的经验和错误以及制定1996年的目标来进行的。一方面,通过问题可以看出张瓷公司员工接受培训的内容。比如说,在有关1995年的总结中问到,到目前为止,我们企业每年的成长状况如何,1995年的总生产量、总销售额、利润分别为多少万元,1995年员工的平均收入和增长率是多少,1995年发生过的质量问题及其影响,在国内我们产品最大的市场在哪儿,哪一种商品比较热销等,其意图十分明显,就是要把企业在经营、生产、销售等各个领域的状况全面传达给员工。有关今后的目标,又问到,我们企业1996年的总销售额和利润是多少,以确认培训的效果。这样的培训的目的是激发员工的劳动意愿,使员工充分理解企业的经营管理方针,从而更加积极地开展业务。

第二,通过调查想要把握现在的员工的工作意识和态度。选择题中设置了:你对企业的各项制度是否赞同;是否为企业感到骄傲;工作上有困难时是否向上司报告;对于企业你的最大愿望是什么;是否考虑过想要换个岗位,现在想吗;是否喜欢企业的产品;是否想换个部门等问题,借以把握员工对工作的认识。另外,又通过1995年你对企业的贡献大吗;对于1995年自己的业绩你是否满意;是否满意1995年的收入;是否对企业1996年的发展很关心等问题,让员工进行自我反省和总结。

第三,企业让全体员工评价各个部门的业绩,以期提高经营管理水平。有关财务部、总务部、技术新产品开发、出口业务、国内销售业务、机械维修管理业务等的业绩,设定了"好、一般、不好"三个评价选项,让全体员工来进行评判。同时,为了明确总经理、总经理助理、生产部部长、成型部部长、现场部部长、质量管理人员、技术开发人员、财务部部长、销售部副部长、接待兼保安等经营管理人员的工作现在存在的不足之处和今后应该改善的地方，也向员工征求意见。这样的政策不仅有利于改善被指出的毛病，也有利于减弱员工对于经营管理产生的不满情绪。

调查的问题包括基础知识、专业知识、员工的工作意识等各个领域，虽然很全面，但是由于问题太多，成为员工的负担，从而遭到了大家的反对。特别是现场员工提到"培训和问卷调查本身是好的，可对我们来说太难了"，实际上看一下员工的答案就可以发现，很少有员工把所有的题都答完，大部分只是回答一半或者70%的问题。应该制定符合员工水平的问题和培训。

1997年6月，张瓷公司继续以全体员工为对象进行第三次全体员工问卷调查。

第三次调查问卷的内容和上次一样，包括基础知识、专业知识、对企业的评价、员工的工作意识等，但是问题的数量则减少了大约一半，可以说是充分考虑到了员工的实际状况的问卷。有关生产方面的专业知识，问题为：影响收益的主要质量问题是什么；我们企业的产品的最重要的质量指标是什么。对员工进行了一次比上一次更为深入的培训。

张瓷公司没有系统地处理调查结果的统计和分析。当询问每一次的调查结果时，总经理的回答是"由于机器和责任人等原因，我们还没有系统地处理调查结果，但是看一下员工的回答就可以掌握一个大概了"。

张瓷公司的问卷调查与其说是为了掌握员工的想法和工作意识，还不如说是想通过调查向员工渗透企业的经营方针和目标等，带有很强的培训性质。这可以说是具有与日本和欧美等企业所实施的问卷调查性质完全不同的中国企业的特点。

从以上分析可以看出，对张瓷公司的培训效果的评价，比较倾向于围绕着经济效果的利益性评价，虽然还存在着许多不足，但是正通过技能竞赛和问卷调查等方法逐渐发生制度性的改变。

4.4 人事变动

在企业里，员工被分配在一定的岗位上。这一分配的恰当性不仅关系到企业生产力的提高，对于员工能力的充分发挥也是十分重要的。充分发挥员工的能力就要求在人事上贯彻"人尽其才、各得其所"的原则，使人才与岗位完美结合。但是，不管最初的员工的配置如何恰当，随着新技术的引入、

4 员工培训制度的变迁

生产规模的扩大和缩小，产品的变更等生产状况的变化，员工的岗位和工种也应该进行相应的调整。因此，为获得适当的配置，就必须进行职位调动。

改变员工的岗位叫做职位调动，改变工种的职位调动叫做工种调动。根据调动的范围把职位调动分为两种：事务所内部的调动和事务所之间的调动。在日本，为保证企业内部劳动力配置的流动性，经常进行职位调动。而如果从职位调动的目的来进行分类的话，则可大体分为如下三种：（1）业务的扩大和缩小、部门之间的忙闲、生产设备和生产方法的变化等导致对劳动力的需要发生变化，为应对这种情况而进行的业务上的必要的职位调动；（2）为使员工获得更多的知识、技能、经验等而进行的有计划的、定期的培训性职位调动；（3）雇用调整政策（使剩余劳动力在部门之间和事务所之间流动的劳动力再分配）中的职位调动。

4.4.1 张瓷公司与公司本部之间的人事交流

张瓷公司是1992年特殊材料公司和香港的投资方共同出资设立的企业。在企业的经营管理上，很少受公司本部和香港投资方的影响，基本上是自主经营。另外，管理人员与员工大多为从公司本部的特殊材料公司调过来的，张瓷公司成立初期，这些人占全体员工的80%以上。为全面支持张瓷公司的经营管理，公司本部根据张瓷公司的需要，在一定程度上调整了人员的配置。其中心内容包括两点：确保有能力的管理人员的工作；将不称职的员工转入公司本部。

1996年后半年，随着生产的扩大，张瓷公司的销售业务成为制约其经营管理的一个很大的因素。为强化销售业务，张瓷公司从公司本部的中间管理层招来了李某，并将其聘为担当销售的副总经理。李某刚30岁出头，在公司本部做过销售业务，是颇有业绩的有才能的年轻管理人员。李某在开始负责张瓷公司的销售业务之后，引入了销售责任制，使张瓷公司的销售业务得到了很大发展。从1998年开始，李某已经成为张瓷公司的经营管理层的核心人物、总经理的左右手，全面负责供给与销售业务。

张瓷公司将不合格的员工转入公司本部。从1993年到1997年，6名员工以此种形式转入本部。但是，从1998年3月开始为了进一步提高产品的质量，张瓷公司提出了进一步强化对管理人员和员工的管理方针。规定，将不称职的员工转入培训部，接受再培训。由于个人原因从生产现场转到培训部的员工的待遇是：改为从事其他工作的人员按照日工资计算每天10元，待岗期间的每天3元，转入培训部后无故不出勤的视为缺勤，缺勤超过15天即解雇；从生产现场以外的岗位转入培训部的，接受培训后一律派遣至生产现场。

由于张瓷公司的这种严格管理，一部分员工希望转入公司本部。为了全面执行管理强化方针，张瓷公司在得到公司本部的同意和支持之后，于1998年5月12日制定了《有关张瓷公司的员工的调动的规定》。

对于制定这一规定的理由，企业说明如下："张瓷公司是特殊材料公司的子公司，有关劳动力的分配调整等劳务管理问题，拥有根据生产状况独自制定管理制度的权利。在张瓷公司工作的正式员工应遵守张瓷公司的管理制度，服从张瓷公司的管理。张瓷公司与公司本部之间的人事交流应在得到各方的同意之后，办理正式的调动手续。现在由于东南亚金融危机的影响，对这些地区的出口面临困境，对日本的出口也还处于发展阶段。在这样的情况下，张瓷公司的员工应该团结一致渡过危机。为此，决定暂停一切以往人事调动，制定本规定。"

具体明确规定："根据生产状况和业务的需要，要从公司本部调到张瓷公司的情况下，公司本部的人事管理部门与张瓷公司进行协商，在得到张瓷公司的同意之后办理正式的调动手续。由于个人的原因，希望调出或调入张瓷公司的，视为业务不精被解雇的人员。由于业务上的原因，公司总部的各部需要张瓷公司的管理人员和员工时，应向公司总部的人事管理部门提出申请，人事管理部门与张瓷公司进行协商，一揽子处理所有问题。禁止各个部门根据自己的判断擅自进行调动。就职于张瓷公司的员工应遵循张瓷公司的管理，特别是处于现在这样一个时期，更应该积极地行动。违反劳动纪律，工作消极的人员，张瓷公司将根据管理规定，给予处罚。"

张瓷公司成立至今不断地从公司本部得到了很多支持和协助，还不断地与公司本部进行管理人员和员工的人事交流。从总体上看，目前为止所实行的政策有如下特点。

首先，从人事交流的目的这一方面来看，看上去好像张瓷公司和公司本部之间进行的是普通的人事交流，而实际上这一交流的主要目的是从本部获得必要的人才，把不称职的员工调入公司总部。换句话说，张瓷公司和公司本部的人事交流不是以使员工获得丰富的知识、技能、经验等而进行的有计划的、定期的培训性工作调动，而是更倾向于适应企业生产状况而进行的调动。

4 员工培训制度的变迁

其次,在进行人事交流的时候,现在的情况是,如果调动的是经营管理人员,或多或少会考虑本人的意见,但如果是一般员工的话,则很少考虑他们的意见。特别是1998年开始张瓷公司处于转型时期,规定"因个人原因希望调入张瓷公司或者想要调出张瓷公司的,一律视作业务不精,视为解雇人员",严格地限制着根据员工的意愿而进行的人事交流。

张瓷公司与公司本部的人事交流主要是以提高生产力为目的、只根据生产状况而进行的调整,培养管理人员和培训员工的成分很少。由于没有充分考虑员工本人的意愿,恐怕会打击员工的积极性。张瓷公司实行此政策,有以下历史背景。

在改革开放以前,中国的企业大部分为国有企业。中国国有企业的员工一旦聘用,就基本上不会被解雇,这就是所谓的"固定工"制度。另外,被雇用的员工除特殊情况外基本上不会在企业之间调动。20世纪50年代以后,人事调动被视作国家重点建设项目、新工程、扩大建设企业、填补边疆技术力量薄弱部门而进行的。除此以外,被分配到与专业不符的部门的人员、因裁减而产生的剩余劳动力,夫妇长期分居两地的,也是调动的对象。企业基本上是没有机会把稀缺的人才调到企业的。人事调动是个人所属的部门之间的交涉事务,是远远超过了个人和企业的意志的重大事项。改革开放以后,企业间的员工调动案例虽然有所增加,但是由于传统的习惯思维的影响,经营管理人员对于人事调动的认识还没有完全转变过来。

张瓷公司的经营者虽然还没有明确地意识到员工的有计划的、定期的培训性变动,但是随着企业改革的进行,正在逐渐完善有关员工的调动的政策。

4.4.2 企业内人事变动

像张瓷公司这样的中小企业,不论是经营管理人员还是一般员工,基本上是不会在企业内部进行人事调动的。由于基本上是根据生产状况,在缺人的岗位、工种招聘员工的,所以录用后的分配在录用的时候就已经决定了。被分配好的员工除非有特殊理由,否则是不能调动的。经营者实际上知道,从生产效率的角度出发进行人事调动是无法有效发挥员工已有技能、熟练度和专业知识的。

另一方面,升迁也伴随着人事调动,这种调动也大多是同一个部门的变动。张瓷公司现阶段的企业内部人事调动很少是为了惩罚不称职的员工而进行的。如前所述，从1998年5月开始，张瓷公司为了确立高品质的生产秩序，重新审视员工和管理人员担当的业务，将不称职的调入培训部，采取让其接受再培训直至合格的措施。从生产现场调入培训部的，接受培训后，一律调回生产现场。这样的措施伴随着人事变动和工资的减少，与其说是为了再培训，还不如说是对不称职的人员的一种变相的惩罚。

另外，张瓷公司在1997年5月制定的《以管理和质量为核心的11条管理措施》中规定，"给企业带来损失、经常违反规则、多次警告仍然违反的人员，工作消极，中伤他人的积极性的人员，总是反对上司的指示（有关工作的正确指示）的人员，强占企业产品的人员，故意妨碍工作的人员，对于这样的人员要惩罚其不得工作（暂时停工、解雇），还要求公司本部不得雇用该人员。"此外，对于不称职的管理人员还采取了"毫不留情进行人事调动，降级"的严厉措施。

张瓷公司的企业内部人事调动并不是为了使员工获得丰富的知识、技能、经验等而开展的有计划的、定期的培训性岗位调动，而是一种经营管理的手段。

4.5　员工对培训的认识

经营者和员工对于张瓷公司的培训的认识存在着如下分歧：经营者认为现在进行的集中讲座等培训有助于将企业的经营方针、目标、不足之处传达给员工，对于员工的归属感的形成有着很大的影响。总经理就员工的培训讲到，"对于我们企业的员工进行的培训在张家口地区开展得不错，既给企业带来了好的收益，也使得员工更加团结了"。

另一方面，与经营者的意见不同，员工对于企业的培训有很多不满。

在1997年的问卷调查中，对"你关心企业的培训吗"这一问题，89.6%的员工的答案是"关心"。对于"你关心员工的岗位分配和调动吗"，84.0%的员工回答"关心"。与员工对于培训和岗位分配持有很大兴趣的状况相对，员工的满意度则稍低。"你对与现在的技术和业务相关的培训满意吗"，对于这一问题，员工的回答如表4-2所示。

4 员工培训制度的变迁

表4-2 你对与现在的技术和业务相关的培训满意吗

属性1	属性2	人数	满意（%）	无所谓（%）	不满意（%）	不清楚（%）
全体	全体	106	21.7	27.4	46.2	4.7
性别	男	62	11.3	30.6	54.8	3.2
	女	44	36.4	22.7	34.1	6.8
工种	经营管理人员	13	23.1	7.7	69.2	0.0
	专业技术人员	14	7.1	35.7	57.1	0.0
	现场工作人员	66	18.2	33.3	42.4	6.1
	辅助人员	11	54.5	9.1	27.3	9.1
	工种不确定人员	2	50.0	0.0	50.0	0.0

资料来源：根据1997年的问卷调查制成。

从整体上来看，回答"满意"的占21.7%，回答"不满意"的占46.2%，比起满意的员工不满意的更多一些。近半数的员工对于企业现在的培训持有不满情绪，这样一件事情对于张瓷公司的经营管理来说是一个不可忽视的问题，应该进一步改善。

从工种来看，回答"不满"的人员中，经营管理人员和专业技术人员比其他的工种更多一些。张瓷公司现在的培训虽然有一定的效果，但是还是无法满足经营管理人员和专业技术人员的学习欲望。

另外，对于"你希望企业今后应该在哪一方面多下点功夫"这一问题，回答"恰当进行人员配置"的员工人数最多，占了全体的50.9%，可以说员工都在谋求恰当的岗位分配和岗位调动。对于张瓷公司的培训，员工和管理人员虽然都有好评，但是也有着不同的意见。

1996年年初，张瓷公司为了改善经营管理，向员工和管理人员征询意见和建议。对此，收到了很多反馈意见。

"我们的企业还很年轻，从现场员工到经营管理人员，他们现在的生产经验还不足，这完全可以从日常的经营活动中看出来。因此，应该强化其所担当的业务方面的企业内部培训。我认为培训的目的应该在于全面地、有计划地提高现场员工的技能和文化素质，提高经营管理人员的专业知识的积累和业务执行能力（吴某，女，财务负责人，1996年2月29日提交）"。

"企业每周二的早上对全体员工进行企业内部培训。这使我们十分受益。但是，各个员工和管理人员等所担当的业务内容是不一样的，所以我觉得把

变革的内在动力——社会转型中的企业劳动关系分析

全体员工召集起来统一进行培训,其效果大打折扣。除了因为要传达企业的方针政策而集中进行的培训以外,各个部门应该根据实际情况,在不同的部门进行不同的培训。特别是,我认为应该加强对管理监督人员的业务执行能力和对员工的操作技能的培训(周某,女,财务负责人,1996年2月提交)"。

"我们还很年轻,十分渴望汲取新知识。现在,虽然还有很多工作以外的闲暇时间,但是基本上都没有很好地利用。最好企业能够充分考虑年轻人的特点,购买有关技术和兴趣的书籍杂志,加大年轻人自我能力开发的力度。这对员工的将来有利,对企业更为有利(袁某,男,原料加工部现场工作人员;住在单身宿舍,1996年2月6日提交)"。

另外,1999年7月进行的问卷调查中得到员工如下意见建议:

第一,"你对企业进行的企业外进修有何看法",就这一问题得到的回答有"在同类企业的进修,扩大了我们的视野,可以学到知识和经验,很有效果。已经参加过几次,希望以后还有机会(师某,男,28岁,1992年10月入企)"、"在同类企业进修,既可以学到专业知识和经验,又可以节约开支,我很赞成。但是,进修期实在太短了,实际应用学到的东西的机会很少,应该想想办法改善这一情况(潘某,女,32岁,1993年11月入企,生产部技术管理责任人)"、"非常赞成到同类企业进修。特别是对像我们这样的技术开发人员,开阔视野是很重要的事情(冯某,男,27岁,1992年12月入企,开发部美术设计人员)"、"在同类企业进修对于员工技术水平的提高和操作标准的设定非常有用(龙某,男,45岁,1993年入企,生产部部长)"等,可见参加企业外进修的员工大部分还是持赞同意见的。

第二,"就企业内部的集中讲座这样一种培训方式的效果,你作何感想",就这一问题得到的答案有"对于员工进行的培训,应该是针对每个人的职务进行,学习内容应该明确而具体。改变现在这种像过个节日似的培训做法,不是一刀切,而是根据每个人的职务和学习内容,个别地进行讲座才有效(任某,男,63岁,1997年5月作为特别管理人员入企,总经理顾问)"、"集中培训是很好的想法,但是,很多的员工对于参加培训的重要性和必要性的认识还不足,因此培训的效果堪忧。应该特别考虑现场员工的实际情况来进行培训(张某,男,24岁,1997年入企,机械维修人员)"、"集中培训的效果好像不太大。要进行这样的培训,应该有一个长期的计划、指定的责任人、

4 员工培训制度的变迁

授课时间、明确的考勤基准（潘某）"，"没参加过集中培训，在我看来这不过是特定时间的特定制度，没什么效果（刘某，女，45岁，1993年5月入企，财务部兼生产部质量管理人员）"，"自己担任过集中讲座的讲师，作为责任人我学到了很多东西，但对于员工来说好像没什么效果。大多数的员工，比起培训更关心工资（冯某）"，"企业的集中培训，只不过是个形式，效果不大（龙某）"等，可见大家对于集中讲座的方法评价不高。

第三，"不称职的员工和管理人员会被调入培训部接受再培训，就此你有何看法，调动后的工资你觉得如何"，对于这一问题得到的答案有"必要时让员工（包括管理人员在内）在培训部接受再培训是很重要的。通过这一调动，使其产生危机感，这也是再次审视自己的好机会。至于在培训期间的待遇，我没想过（李某，男，29岁，1997年4月入企，生产部质量管理责任人）"，"再培训是件好事，应该更重视培训的内容和方式。应该正确引导接受再培训的人，把目的明确地指出来。不这样做的话，培训就不会有什么好效果，甚至还可能引起员工的反抗意识（任某）"，"对于员工来说，接受再培训意味着可能会失去现在的工作。通过这样适当地给员工一些压力，使得员工对待工作有一个正确的责任感和态度（张某）"，"进行再培训是一个很好的想法，但是培训部的培训方法有问题，没有达到预期目的（刘某）"等，大家认为再培训这一政策本身是好的，但是实施方法有所不足。

第四，"你认为现在的见习制度如何"，对于这一问题的意见有"对于拟采用的员工设置试用期是必要的，这使得企业和应聘者双方都能够有时间考虑和选择（师某）"，"试用期的设置是合理的，在试用期期间，可以得到长辈和有经验的人的热心的指导和建议，这对早日独立劳动是有好处的（潘某）"等。

第五，"岗位上司和长辈的指导如何，有哪些应该改善的地方"，就这一问题小李讲到"上司和长辈的指导基本上是让我们很满意的。但是在日常业务中应该更加明确目的、培训及考勤标准，赏罚标准也应该公开"，强调了职务标准的明确化。

第六，"通过经营会议进行培训的方法你觉得如何"，就这一问题员工们有给予好评的："企业的经营管理会议是有效果的。通过会议可以统一管理人员和中坚干部的思想和认识，使大家齐心协力地向着同一个目标努力（师某）"，"企业的经营管理会议是把企业的运营方针和生产现状传达给管理人员和干部的最好机会（冯某）","企业的经营管理会议是经营管理人员交流的平台、学习的平台，是有着一定的效果的（龙某）"等，也有对经营管理会议的现状提出改善方案的："企业的经营管理会议的内容大多是与生产计划和各种规定相关的通告，管理人员之间的讨论很少，所以培训的效果不大。今后，有必要研究一下经营管理会议的实施方法"。

第七，"公司对员工通过远程教育学习的态度如何"，对这一问题有"企业全面支持员工参加远程教育学习，如果能够毕业的话，企业还全额补助学费。我认为这很合理。这个制度促进了员工的学习意识，提高了员工的工作积极性，可以想见员工们对企业作出更大的贡献（李某）"，"远程教育是为了不落后于时代、为了跟上企业的发展而采取的行动。企业应该积极地支持（刘某）"等意见。

第八，"你对1993年的技能竞赛怎么看"，对于这一问题有"劳动竞技活动的开展有利于促进员工的竞争意识和上进心。也使得员工认识到业绩不同，个人的工资和总体评价也是不同的这一情况。但是，竞赛应该在更广的范围内更合理地进行（李某）"，"劳动竞赛活动在某种程度上来说提高了员工的积极性，不过比较而言，更为重要的是应该重视在日常生产活动中彻底地贯彻多劳多得的原则（张某）"等意见。

第九，"对于企业实施的以企业内全体人员为对象的问卷调查你有何看法"，对于这一问题有"问卷调查是部下给上司传递信息的好机会，对于上司来说也是了解员工的想法和意见的机会（张某）"，"问卷调查是好事。既可以确认自身的状况，也可以间接地了解企业的情况，应该定期进行（师某）"，"进行问卷调查是好事，可以听到很多意见，分析讨论这些意见是很重要的（冯某）"，"问卷调查的真实目的并不明了，即使回答了，企业也只公布个别问题的调查结果，无法听到整体的意见（刘某）"等意见，既给予好评，又指出了一些实施方法上的不足之处。

第十，"你对到目前为止与公司本部进行的人事交流有何看法"，就这一问题有"与公司本部进行的人事调整发挥了每一个人的特长，平等地给每一个人相应的机会，对双方来说都是有利的（师某）"，"与公司本部进行的人事调整没有对个人的利益和企业的生产产生影响。与所有的制度一样存在着好的一面，也存在着不好的一面（刘某）"，"不希望公司本部的人调过来，他们不肯吃苦，会给生产和员工带来不好的影响（冯某）"等意见。

第十一,"对于企业内不进行岗位调动这一原则你有何看法",就这一问题有"我认为固定岗位不是很合理。通过定期调动岗位和工种、设立技术奖金,可以提高员工重视技术和技能的意识,应该重视发现与自己的特长相适应的岗位(李某)","调动工作可给更多的员工检验自己能力的机会。这对企业来说也可以发现更适合某一岗位的人才,从而可以进行恰当的人员配置(张某)","固定岗位虽然有利于培养熟练工,但是员工却缺少全面的技术知识,有必要重新考虑一下这种制度了(师某)","不进行岗位调动虽然可以保证生产秩序的稳定,但是只要不给个人和企业的利益带来影响,一定程度的调动对于发现人才和培养挑战精神是有益处的(刘某)","固定岗位是对的。但是,在生产稳定的时候,适当的调整是有利于培养人才的(龙某)"等意见,提议进行恰当的岗位调动。

另外,现场员工王某(男,22岁,1997年5月入企,负责烧结部的出炉工作)说到"我现在负责的工作,作业内容本身是很简单的,但是要求慎重的操作。心情好的时候,可以很慎重地操作,对于产品质量的提高很有好处,可是心情不好的时候,就会马虎,当然也就会导致产品有破损。长时间地从事一个工作的话,自然而然地会产生厌倦的情绪,心情也会变坏。因此,希望在不影响生产秩序的前提下,适当地调整岗位和工种。这不仅能够刺激员工对于新工作的好奇心,而且对于产品质量的提高也有好处",王某通过作为现场员工的亲身体验指出了进行恰当的岗位调动的必要性。

对于张瓷公司的培训制度,员工和管理人员有着一定的好评,不过也特别指出了这种培训缺乏长期的计划这一不足之处。另外就培训和岗位调动等政策的实施,还强调了在提高企业的生产效率的同时还应该从员工的自我能力开发的角度给予考虑。

4.6 小结

通过以上分析,全面考察张瓷公司的员工培训,可以发现以下特点:

第一,有计划的培训方针的制定。张瓷公司在基础知识、专业知识、技能、工作意识等各个领域对员工进行培训,但是这些培训基本上与工种无关,全员集中讲座的培训方式不能与员工的实际要求和水平完全吻合。从总体上来看,企业虽然认识到了对员工进行培训的重要性,但是培训的内容多为与

 变革的内在动力——社会转型中的企业劳动关系分析

生产状况和劳动纪律相关的东西,根据不同的工种有计划地提高员工的能力和技术的内容则很贫乏。另外,从1998年5月开始,为了确立高品质的生产秩序,强制性地将不合格的员工调入培训部,使其接受再培训。对于不称职的员工,采取让其做别的工作、降薪到原有水平的三分之一、待岗等措施。这种措施名为再培训,实际上并没有具体的培训计划,只不过是一种惩罚措施。因此,张瓷公司现阶段的培训是适应生产状况临时举行的,还没有完全确立长期的有计划的培训方针。再者,通过培训获得的知识与日常业务的结合性差,学员的学习热情低,没有达成预期的培训效果。

为了企业的继续发展,根据员工的劳动意愿制定符合员工的水平的、客观的、妥当的、可信赖的长期性企业内部培训制度,这对于包括张瓷公司在内的大多数中国企业来说是十分重要的课题。

第二,从单一工种向多面手的转变。现阶段张瓷公司的员工录用是根据生产状况,哪个岗位和工种缺人就招哪一个岗位和工种的人,员工的岗位在被录用的时候就已经决定了。因为从事一种工作有利于熟练度和生产效率的提高等原因,张瓷公司采取了除非有特殊情况,否则不调动岗位的方针。由于抑制员工的岗位调动,张瓷公司的现场员工都是单一工种,而且管理人员也多是长期从事一种工作。这种政策对于生产秩序的稳定和业务执行能力的积累是十分有利的,但是对于员工的技术全面化和综合能力的提高则是不利的。并且员工也开始要求企业想办法解决他们长期从事同一工种所带来的单调感。从整体上来看,比起员工的能力和技术的提高,张瓷公司的培训更重视企业的生产效率。今后,考虑到生产效率和员工的劳动生活,通过岗位调动使员工向"多面手"转变对于企业的经营管理来说应该是一个十分重要的课题。

5

劳动时间的变化

在法律上，工作时间是指劳动者在雇主的指挥下工作的时间，由于这是劳动者自身无法自由控制的、受到一定约束的时间，所以对于劳动者来说，工作时间与劳动报酬一样是最为重要的工作条件。本章通过对中国的工作时间政策的变化和张瓷公司的工作时间安排的分析，来研究企业工作时间管理的特征和雇员对此的理解。

5.1 工作时间政策的变化

新中国成立后，政府实施了工作时间法律化的政策。1949年12月23日，当时的政务院（现国务院）公布了《全国年节及纪念日放假方法》，规定每年法定节假日共计7天，分别是新年1天、春节3天、五一劳动节1天、国庆节2天。1951年公布的《中华人民共和国劳动保险条例》规定，女性雇员的产假为56天。1952年8月，政务院传达了《关于劳动就业问题的决定》，就劳动者每天的工作时间进行了如下规定：一般企业8~10小时、大型企业8小时、有损健康的工作8小时以下。1956年12月，商务部通过了有关国营商业企业及附属企业的工作时间的暂行办法，规定了每天8小时的工作制，对于有损健康的工作则根据影响程度将工作时间降至7小时或6小时。1958年11月，国务院公布了《关于工人、职员回家探亲的假期和工资待遇的暂行规定》，就劳动者的探亲假等问题做出了规定。

改革开放以后，考虑到劳动者的身心健康，国家大大缩减了劳动者的工作时间。1981年3月，国务院制定了《关于职工探亲待遇的规定》，规定已婚者为夫妻团圆而归乡探亲的每年可休一次30天的假期，为探望父母而归乡的每四年可享受一次 20 天的带薪假期；而未婚者如为探望父母而归乡则可享受每年一次的为期 20 天的带薪假期。1981 年 6 月，化学工业部和国家劳动总局通过了《关于在有毒有害作业工人中改革工时制度的意见》，规定了劳动者的定期离职休假制度。1982 年 4 月，国务院下达了规定企业加班费的通知，要求企业除特殊情况以外，为保证员工的休息时间，不得延长员工的工作时间。1988 年 8 月 1 日，《中华人民共和国全民所有制工业企业法》得以实施，其中规定员工的休息及休假等权利应由法律规定。1994 年 2 月 3 日，国务院通过了《关于职工工作时间的规定》，规定从 1994 年 3 月 1 日开始实施每天 8 小时工作制和每周 44 小时工作制的制度。该制度虽以生产任务的完成、定员和支出的现状的维持、员工收入的确保（至少不减少）为前提条件，但是与过去的每周工作 6 天、共计 48 小时的工作条件相比，可以说已经是很大的进步了。1995 年 1 月 1 日起开始实施的《劳动法》中也对每周的工作时间的减少做出了规定。

《劳动法》中规定，在有必要延长工作时间的情况下，雇主必须获得劳动者工会和员工的同意。每天加班时间不得超过 1 个小时，特殊情况下，在确保员工健康的前提下，可将加班时间延长至 3 小时以下，但是，每月加班时间累计不可超过 36 小时。另外还就加班、假期出差、法定节假日出差的工作待遇等做出如下规定：以上三者的待遇分别为一般工资的 150%、200%、300%。除此以外，《劳动法》第 45 条还就带薪休假制度做出规定：劳动者工作满一年后，可享受带薪休假。

1995 年 3 月 25 日，国务院修改了《关于职工的工作时间的规定》，目的就是进一步缩短劳动者的工作时间。规定中指出，从 1995 年 5 月 1 日开始，职员和员工的工作时间为每天 8 小时，每周 40 小时。同时规定，无法从 1995 年 5 月 1 日起开始实施该规定的企业，必须从 1997 年 5 月 1 日起开始实施。

政府的工作时间政策的变化走的是由新中国成立初期的每周 48 小时～60 小时到现在的每周 40 小时的不断减少的道路。在这种政策变化的背景下，我们可以看出张瓷公司员工的工作时间的变化与特征。

5.2　张瓷公司的工作时间状况

在张瓷公司，员工的工作时间随着政府的政策而不断发生着变化。同时

5 劳动时间的变化

又根据业务内容的不同，对现场劳动者、经营管理人员等采取不同的就业形式。对于现场劳动者采用的是以计件工资制为核心的工资体系，所以该工作时间的管理相对宽松。而对于无法实施计件工资制度的经营管理人员，则实施了严格的工作时间上的管理。以下分别就现场劳动者和经营管理人员来研究各自的工作时间状况。

5.2.1 现场劳动者

1. 年实际工作时间的变化

从 1993 年到 1994 年初期，对于现场劳动者而言实施的基本上是每天 8 小时、每周 48 小时的工作时间制度。1994 年中期开始响应政府的政策导入了每周工作 44 小时的制度。1995 年 5 月开始原则上虽然是导入了每周 40 小时的工作制度，但是由于采用的是计件工资制度，现场劳动者的假期安排多根据生产状况进行。为弄清楚员工的实际劳动时间，在考虑到工种和性别等条件下，从现场劳动者中选出一直在张瓷公司工作的 5 名员工，根据张瓷公司的出勤记录总结这 5 名员工在 1993 年至 1997 年的出勤情况。表 5-1 至表 5-5 是这 5 名员工的实际工作时间，表中各月的数字为休假天数，曹姓及胡姓员工为女性，实际工作时间按照每天 8 小时计算。年平均实际工作时间为该 5 名员工的平均值，虽然这一数值与全体员工的实际工作时间会有一定的误差，但是对于观察实际工作时间的变化多少还是有一定的参考价值的。

表 5-1 1993 年的现场劳动者的实际休息天数和工作时间

姓名	1月	2月	3月	4月	5月	6月	7月	8月	9月	10月	11月	12月	假期总数（天）	年实际工作时间（小时）
曹某	12	4	4	4	6	5	6	4	4	20	19	7	95	2160
胡某	14	4	4	6	7	4	6	4	4	5	4	4	66	2390
王某	11	4	4	4	7	13	7	8	5	5	4	4	76	2312
智某	20	4	4	4	4	6	4	4	4	4	—	—	57	2464
李某	17	4	4	4	4	6	4	4	4	4	4	—	60	2440
平均	—	—	—	—	—	—	—	—	—	—	—	—	71	2353

资料来源：根据张瓷公司的出勤记录绘制而成。

表 5-2　1994 年的现场劳动者的实际休息天数和工作时间

姓名	1月	2月	3月	4月	5月	6月	7月	8月	9月	10月	11月	12月	假期总数（天）	年实际工作时间（小时）
曹某	5	6	4	8	4	3	6	3	4	5	4	13	65	2400
胡某	5	8	6	6	8	6	7	4	5	4	5	4	68	2376
王某	5	7	3	6	4	5	3	3	3	10	20	0	69	2368
智某	4	4	3	4	5	6	16	4	3	3	4	2	55	2480
李某	4	4	4	4	5	5	15	4	4	3	2	4	2	57	2464
平均	—	—	—	—	—	—	—	—	—	—	—	—	63	2418

资料来源：根据张瓷公司的出勤记录绘制而成。

表 5-3　1995 年的现场劳动者的实际休息天数和工作时间

姓名	1月	2月	3月	4月	5月	6月	7月	8月	9月	10月	11月	12月	假期总数（天）	年实际工作时间（小时）
曹某	4	14	4	5	3	3	5	3	5	3	8	1	58	2456
胡某	12	8	7	5	6	6	6	4	9	6	8		95	2160
王某	12	6	2	3	3	18	4	4	1	3	2	0	58	2456
智某	—	—	5	5	5	5	4	5		6	6	6		
李某	—	—	5	5	6	3	6	3	—	10*	7	6	—	
平均	—	—	—	—	—	—	—	—	—	—	—	—	70	2357

注："*"是指包括根据生产状况而进行的暂时停业时间。
资料来源：根据张瓷公司的出勤记录绘制。

由表 5-1，5-2，5-3 可以看出，员工的年平均实际工作时间如下：1993 年 2353 个小时，1994 年 2418 个小时，1995 年 2357 个小时。虽然经过 3 年的时间导入了每周 44 小时的工作制度，多少使年实际工作时间有所减少，但是变化并不大。另外，1993 年每个月至少保证能够休息 4 天，而 1994 年和 1995 年时，除产假和病假等特殊情况外，员工每个月的休息时间则不是很固定，少的时候一天也不休息，多的时候每个月能休息 8 天。从 1994 年开始，张瓷公司的产品受到消费者的认可，生产规模由此不断扩大。在这样的生产状况下，员工无法正常休假，生产任务多时不休息，生产任务少时又不得不休息。或者可以说 1994 年到 1995 年间，员工的定期假期随着企业的生产状

5 劳动时间的变化

况而开始发生变化。

其后的1996年和1997年，张瓷公司的员工实际工作时间变化如表5-4、表5-5所示。员工的年实际工作时间如下：1996年1939个小时，1997年上半年为1071个小时（按照这个数值计算的话，则年实际工作时间为2142个小时），从结果上看，实际工作时间缩短。但是，让我们再来看一下员工每个月的休假情况：4月到8月，由于生产状况而导致经常暂时停业。该表格中被选定的5名员工因工种不同而多少有些差别，但都休假了2周，甚至3个月。1996年张瓷公司的生产经营因库存的大幅增加而不得不调整生产体制。企业为改善生产经营状况而采取降低员工工资、增加休假时间的策略。从结果上看，生产状况导致的暂时休假缩短了员工的年实际工作时间，但是这些假期不是员工所愿意的，只不过是以企业的生产效益和收益为核心的策略，很难说是企业主动地有计划地缩短员工的工作时间。

表5-4　1996年的现场劳动者的实际休息天数和工作时间

姓名	1月	2月	3月	4月	5月	6月	7月	8月	9月	10月	11月	12月	假期总数（天）	年实际工作时间（小时）
曹某	6	15	11	24*	9	19	15	9	3	3	3	3	120	1960
胡某	5	18	8	25*	30*	8	8	9	8	5	5	6	133	1856
王某	0	15	10	30*	30*	13	30*	9	4	4	4	2	153	1696
智某	6	11	6	6	6	5	13*	6	6	5	5	6	82	2264
李某	6	10	7	7	6	6	30*	30*	6	6	5	6	125	1920
平均	—												123	1939

注："*"是指包括根据生产状况而进行的暂时停业时间。
资料来源：根据张瓷公司的出勤记录绘制。

表5-5　1997年的现场劳动者的实际休息天数和工作时间

姓名	1月	2月	3月	4月	5月	6月	7月	8月	9月	10月	11月	12月	假期总数（天）	半年实际工作时间（小时）
曹某	17*	14	5	4	4	3	—	—	—	—	—	—	47	1084
胡某	5	14	5	4	6	6	—	—	—	—	—	—	40	1140
王某	14*	28*	31*	7	5	1	—	—	—	—	—	—	86	772

续表

姓名	1月	2月	3月	4月	5月	6月	7月	8月	9月	10月	11月	12月	假期总数（天）	半年实际工作时间（小时）
智某	8	1	5	5	6	6	—	—	—	—	—	—	31	1212
李某	9	6	6	6	6	6	—	—	—	—	—	—	39	1148
平均	—	—	—	—	—	—	—	—	—	—	—	—	49	1071

注：1997年的假期数和实际工作时间是1月至6月的数据。
资料来源：根据张瓷公司的出勤记录绘制而成。

2. 计件工资制导致的工作时间延长

从1996年开始，随着张瓷公司计件工资体系的完善，现场劳动者的劳动形式多样化，除去连续作业的工种，对于那些以计件工资制为核心体制的工种，只要不是参加教育或会议等，那么员工的出勤时间和下班时间就不受限制（但是8：00之前要出勤）。在这样的工资体系下，1999年7月对实施计件工资制的成品部的员工的实际工作时间进行了调查。在调查中，记录了成品三类中一个作业班（成品劳动者1人，半成品修补劳动者3人，共计由以上4人构成）在一周之内的各自的出勤时间和下班时间，其结果如表5-6所示。员工的工作时间是除午休以外的时间。

表5-6 员工的周实际工作时间

姓名	星期	星期一	星期二	星期三	星期四	星期五	星期六	星期日	周实际工作时间（小时）
赵某 成品劳动者	出勤时间AM	5：35	6：05	5：40	5：35	5：50	6：00	5：45	—
	下班时间PM	17：28	17：50	19：15	17：37	17：45	17：30	17：30	—
	工作时间	11.9	10.8	12.6	11.0	11.0	10.5	10.7	78.5
徐某 修补劳动者	出勤时间AM	6：05	5：40	7：00	6：30	7：00	7：30	7：35	
	下班时间PM	19：40	20：10	19：50	19：45	18：30	17：10	18：00	
	工作时间	11.6	13.5	11.8	12.3	10.5	8.7	9.4	77.8
许某 修补劳动者	出勤时间AM	8：00	8：00	休假	8：00	8：00	8：00	8：00	
	下班时间PM	17：00	17：00	休假	17：00	17：00	17：30	17：35	
	工作时间	8.0	8.0	0.0	8.0	8.0	8.5	8.6	49.1

5 劳动时间的变化

续表

姓名	星期	星期一	星期二	星期三	星期四	星期五	星期六	星期日	周实际工作时间（小时）
王某修补劳动者	出勤时间 AM	6：10	6：15	7：00	6：25	6：30	7：10	7：30	—
	下班时间 PM	17：15	17：30	18：10	17：38	17：30	17：20	18：00	—
	劳动时间	10.1	10.3	10.2	10.2	10.0	9.2	9.5	69.5
周平均实际工作时间		—	—	—	—	—	—	—	68.7

注：以上为1999年7月5日至11日的数据。
资料来源：根据张瓷公司的出勤记录绘制而成。

如表5-6所示，在调查对象中，员工每周的实际工作时间最长为赵氏的78.5个小时，最短的是49.1个小时，4个人的周平均实际工作时间为68.7个小时。对于半成品修补劳动者实施工作定额制，由于3个人承担着同样的工作定额，非熟练劳动者为保证与熟练劳动者创造出同样的劳动成果，而采取了早出勤或加班等方法。1997年7月张瓷公司的成品部共有62名员工，其中成品劳动者10人，半成品修补劳动者22人。这些员工的实际工作时间多少会有一定的差别，但是大都像表5-6中的4名劳动者一样每天工作时间超过10小时。生产比较忙时，除因要事而与同事调休的情况以外，几乎就没有固定的假期。1999年因生产状况良好，5月和6月两个月没有（或未能）休假的员工非常多。该调查是在张瓷公司生产最为繁忙的时期进行的，同时调查对象又仅限于成品部的一部分员工，所以调查结果可能会有一些误差，但是可以说也间接地反映了员工的假期和实际工作时间状况。

5.2.2 经营管理人员的工作时间

1. 年实际工作时间的变化

张瓷公司自从成立到1994年初期，对于经营管理人员和非计件工资制员工实施的基本上也是每天8小时、每周48小时的工作制。其后从1994年中期开始响应政府的政策导入了44小时的工作制度。从1995年5月开始虽然也导入了每周40小时的制度，但是因企业的生产状况不断发生变化，员工的工作时间也不断发生着变化。

为考察经营管理人员和非计件工资制员工的实际工作时间，在考虑到工种和性别等条件的前提下,我们选出了5名经营管理人员和3名非计件工资制员工,以张瓷公司的出勤记录为参考,总结了这8人从1993年到1997年的出勤状况,表5-7至表5-11就是其实际工作时间。表中各月的数字是假期数,实际工作时间是按照每天8小时进行计算的。事实上,由于交通等问题,上午的出勤时间从8:10到11:55、下午的出勤时间从13:10到17:00的情况也时有发生,为了计算方便,每天的工作时间全部按照8小时进行计算。年平均实际工作时间是这8个人的平均值。

表5-7 1993年经营管理人员和非计件工资制员工的休假天数与工作时间

	姓名	1月	2月	3月	4月	5月	6月	7月	8月	9月	10月	11月	12月	假期总数	年实际工作时间(小时)
经营管理人员	姜某	11	4	4	4	6	4	4	4	4	5	4	4	58	2456
	张某	12	4	4	4	6	5	4	4	8	5	4	4	64	2408
	贾某	13	4	4	4	6	4	4	4	6	5	4	4	62	2424
	冯某	16	4	4	8	6	4	4	4	4	5	4	4	67	2384
	师某	11	4	4	4	6	4	4	7	4	5	4	4	61	2432
	平均	—												62	2421
非计件工资制员工	王某	13	4	5	4	6	6	4	4	4	5	4	4	63	2416
	李某	12	4	4	4	6	4	4	4	4	5	4	4	59	2448
	张某	12	4	4	9	6	5	4	4	4	5	4	4	65	2400
	平均	—												62	2421
平均															2421

资料来源:根据张瓷公司的出勤记录绘制而成。

表5-8 1994年经营管理人员和非计件工资制员工的休假天数与工作时间

	姓名	1月	2月	3月	4月	5月	6月	7月	8月	9月	10月	11月	12月	假期总数	年实际工作时间(小时)
经营管理人员	姜某	5	8	6	7	8	6	7	7	4	6	4	1	69	2368
	张某	5	6	6	7	7	6	7	7	5	11	5	5	77	2304
	贾某	5	6	6	7	6	6	4	4	10	4	6	5	69	2368
	冯某	5	7	5	7	8	2	6	5	2	7	2	5	61	2432
	师某	5	15	6	7	4	2	3	3	4	1	0	0	50	2520
	平均	—												65	2398

5　劳动时间的变化

续表

	姓名	1月	2月	3月	4月	5月	6月	7月	8月	9月	10月	11月	12月	假期总数	年实际工作时间（小时）
非计件工资制员工	王某	5	8	6	7	7	6	7	7	5	10	5	5	78	2296
	李某	5	6	4	7	7	6	7	7	5	7	5	5	71	2352
	张某	5	7	6	10	4	5	7	10	5	5	3	5	72	2344
	平均	—												74	2331
平均		—												—	2365

资料来源：根据张瓷公司的出勤记录绘制而成。

表5－9　1995年经营管理人员和非计件工资制员工的休假天数与工作时间

	月	1	2	3	4	5	6	7	8	9	10	11	12	假期总数	年实际工作时间
经营管理人员	姜某	3	6	1	3	1	4	4	3	2	3	2	5	39	2608
	张某	5	4	7	6	7	6	7	6	21	9	6	7	91	2192
	贾某	5	8	2	8	5	5	3	4	4	5	5	5	59	2448
	冯某	2	1	4	4	2	3	8	6	9	9	5	2	55	2480
	师某	2	2	3	3	4	2	2	4	4	2	0	0	28	2696
	平均	—	—	—	—	—	—	—	—	—	—	—	—	54	2445
非计件工资制员工	王某	7	7	6	8	4	5	5	5	3	4	5	5	65	2400
	李某	7	8	6	8	5	7	5	5	15	10	5	4	80	2280
	张某	14	8	6	8	7	7	6	7	6	20*	7	5	3	98	2136
	平均	—	—	—	—	—	—	—	—	—	—	—	—	81	2272
平均		—												—	2359

注："*"是指包括因生产状况而出现的暂时停业时间。

资料来源：根据张瓷公司的出勤记录绘制。

从表5－7至5－9可以看出，经营管理人员和非计件工资制员工的年实际平均工作时间在1993年为2421个小时，1994年为2365个小时，1995年为2359个小时。这期间尽管导入了每周44小时的工作制度，从而使年实际工作时间多少有所减少，但是并没有很大的变化。另外，我们再看一下每个月的休假时间，1993 年公司还能够确保员工每月休息 4 天以上，而到了 1994 年和 1995 年，除了产假、病假等特殊情况以外，经营管理人员和非计件工资制员工每个月少的时候一天也不得休息，而多的时候则会休息 8 天以上。随着 1994 年生产规模的扩大，经营管理人员和非计件工资制员工与现场劳动者一样都无法正常地、有规律地休息，生产任务多时不休息，生产任务少时又不得不多休息。或者可以说从 1994 年到 1995 年间，经营管理人员和非计件工资制员工的定期休假随着企业的生产状况的变化而不断发生着改变。

其后的 1996 年和 1997 年的经营管理人员和非计件工资制员工的实际工作时间变化如表 5-10、表 5-11 所示。其年实际工作时间如下：1996 年 2208 个小时，1997 年上半年为 1193 个小时（按照这个数值计算的话，则年实际工作时间为 2386 个小时）。从结果上看，1996 年经营管理人员和非计件工资制员工的实际工作时间缩短。但是，让我们再来看一下员工每个月的休假情况：特别是 1996 年，因生产状况而导致的暂时停业是工作时间减少的一个很重要的原因。与现场劳动者相比，经营管理人员和非计件工资制员工因企业的暂时停业而休假的天数虽然少一些，但是也休息了 2 周到 1 个月不等的时间。

虽然企业实施了 1994 年开始的每周 44 小时工作制和 1995 年 5 月开始的每周 40 小时工作制，但是经营管理人员和非计件工资制员工的年实际工作时间并没有减少。而且也不能再像以前那样自由地获得假期，相反是越来越受到企业生产状况的影响。同时发生在经营管理人员身上的假期出差情况也越来越多。

表 5-10　1996 年经营管理人员与非计件工资制员工的休假天数与工作时间

	姓名	1月	2月	3月	4月	5月	6月	7月	8月	9月	10月	11月	12月	假期总数	年实际工作时间（小时）
经营管理人员	姜某	5	1	2	2	2	5	5	9	7	2	4	4	50	2520
	张某	7	17	7	15*	21*	16*	5	30产	30产	30产	30产	30产	238	—
	贾某	5	10	4	12*	18*	6	4	16	9	5	5	7	101	2112
	冯某	4	16	6		21*	4	4	5	4	5	5	5	78	2296
	师某	2	14	4	6	2	1	5	21*	3	5	0	6	69	2368
	平均													75	2324

5 劳动时间的变化

续表

	姓名	1月	2月	3月	4月	5月	6月	7月	8月	9月	10月	11月	12月	假期总数	年实际工作时间（小时）
非计件工资制员工	王某	9	14	4	12*	18*	8	8	8	8	5	5	7	106	2072
	李某	3	17	5	8	8	6	4	10	6	4	4	6	81	2272
	张某	7	16	3	16*	30*	6	10	10	7	8	5	6	124	1928
	平均	—	—	—	—	—	—	—	—	—	—	—	—	104	2091
平均		—	—	—	—	—	—	—	—	—	—	—	—		2208

注："*"是指包括因生产状况而出现的暂时停业时间。
资料来源：根据张瓷公司的出勤记录绘制。

表5–11　1997年经营管理人员和非计件工资制员工的休假天数与工作时间

	姓名	1月	2月	3月	4月	5月	6月	半年的假期总数	半年的实际工作时间
经营管理人员	姜某	4	13	5	2	4	1	29	1232
	张某	16	14	10	8	11	3	62	968
	贾某	5	13	5	3	5	2	33	1200
	冯某	4	2	4	0	2	3	15	1344
	师某	4	11	3	0	1	1	20	1304
	平均	—	—	—	—	—	—	26	1210
非计件工资制员工	王某	5	14	5	4	3	1	32	1208
	李某	5	13	3	0	4	1	26	1256
	张某	14	9	10	8	7	2	50	1064
	平均	—	—	—	—	—	—	36	1176
平均		—	—	—	—	—	—	—	1193

注：1997年的假期总数和实际工作时间是1～6月的数据。
资料来源：根据张瓷公司的出勤记录绘制而成。

2. 假期出差

经营管理人员的假期出差主要是指星期六和星期天的出差、年末年初的出差、生产任务多的时候推掉假期而工作等。表5–12是从1996年8月开始的张瓷公司的经营管理人员的周六和周日的出勤一览表。

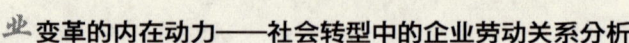

表5-12 张瓷公司的经营管理人员的周六、周日出勤一览表（1996年）

姓　名	出勤日
张某（一）	8月17日，10月19日，12月21日
张某（二）	8月18日，10月20日，12月22日
胡某（一）	8月24日，10月26日，12月28日
贾某（一）	8月25日，10月27日，12月29日
王某	8月31日，11月6日
刘某	9月1日，11月3日
张某（三）	9月7日，11月9日
张某（四）	9月8日，11月10日
韩某	9月14日，9月16日
贾某（二）	9月15日，11月16日
潘某	9月21日，11月23日
曹某	9月22日，11月24日
冯某	9月28日，11月30日
郭某	9月29日，12月1日
张某（五）	10月5日，12月7日
梁某	10月6日，12月8日
胡某（二）	10月12日，12月14日
张某（六）	10月13日，12月15日

资料来源：根据张瓷公司的通知绘制而成。

上述各管理人员自从8月17日起开始，周六、周日这样的假期也要上班，每人每次1天。当日的出勤人员要与下一次的出勤人员联系好出勤日期，如有特殊情况而不能出勤时，由下一个出勤人员顶替。周末出勤的工作场所是出勤人员所负责的岗位，但是却要负责整个公司的业务。出勤人员应详细记载当天业务上的记录，并传达给第二天的负责人。无正当理由不可随意离开岗位，违反者将被处以惩罚。如表5-12所示，从1996年后半年开始，经营管理者多的时候3次，少的2次，每两个月1次周六、周日也要上班。

从1997年5月开始，企业的生产繁忙起来，为完成生产任务，从1997年5月30日开始，张瓷公司制定了《有关节假日的特别决定》，决定取消周六、日的假日。其中，特别说明："为了按照计划完成出口产品的生产任务，决定

5 劳动时间的变化

连续2个月不休息。从5月24日（周六）到7月15日（周日），这一期间不把周六日当作休息时间，按正常上班。希望全员积极贯彻这一决定。"

有关工作时间的管理，1997年11月12日，张瓷公司公布了"强化对工作时间管理的通知：（1）上午8：00以前，下午13：10以前必须到岗。上午8：10以前吃好早饭，做好工作准备后，8：15立即进入工作状态。在此期间如有违反该规定的，每次减薪50元。（2）禁止在公司饮酒，禁止在工作时吸烟。在此期间如有违反者，每次减薪100元。（3）如有妨碍公司的质量管理工作的，要对其进行严格的管理，屡教不改者给予停职或罚款减薪处分"。

1997年12月7日公布了《周六周日出勤时间变更通知》，其内容如下："由于周六、周日本公司的通勤车不运行，所以从12月7日开始，周六、周日的出勤时间变更为8：30。下班时间不变。"

1997年12月1日，张瓷公司又公布了《周六周日出勤的通知》，取消了周六、周日双休的制度，根据企业的情况，决定员工每月休息6天。内容如下："（1）从1997年12月1日开始，管理人员和计件工资制员工以外的人员每个月可休息6天，今后公司的休息日基准为6天。（2）周六周日按平常的工作时间正常上班。（3）休息日的调整确定由本人申请，主管上司在调整之后做出决定。原则上应避免1天以上的连休。管理人员的2日连休需得到主管经理的同意，一般员工的2日连休需得到经理的同意（特殊情况除外）。（4）总务部负责对休息日的管理。（5）在同一天休息的管理人员的总数不得超过5人。（6）一个月未休满6天的可串休。或者也可视为加班，增加技能工资。"根据这一规定，一直以来根据生产状况的变化而断断续续实行的周六、日双休，完全变成了每月6天的休息，而且实施范围也扩大了，不仅仅适用于经营管理人员，还适用于计件工资制员工以外的人员。由于这一规定的影响，工作时间每周大约为44小时。

1998年5月5日，通过了《从1998年5月开始导入每月休息6天的工作制度的决定》，强化了每月休息6天的决定。其内容如下：就月休6天的必要性，决定说明："1998年对于公司来说既是危机又是一个发展的机会，是关键的一年。在今年的经营目标和方针的指导下，为强化产品质量的提高和运营管理，为同时确保生产力的提高和员工的休息日，经过讨论决定如下，'（1）从5月开始取消双休，管理人员和非计件工资制员工每月休息6天，并且应轮休。（2）质量管理人员和现场劳动者等与生产直接相关的人员的休息日应根据生产部的调整决定。（3）因业务上的需要而在假期出差的情况应应用现行加班制度。（4）员工想要获得假期，须提出申请获得主管上司的许可和总务部的同意。（5）星期一到星期五，每天休息的管理人员不得超过 5 人，周六和周日不得超过 10 人。总务部负责调整休息日。（6）非计件工资制员工根据生产情况轮休。不限制每天的休息人数。（7）一个月内没有休满 6 天的，可串休。这一个月的假期可延至下一个月，其后则将视为加班，在技能工资上给予补偿。（8）原则上不申请不可休息。不接受电话请假或他人代请。特殊情况下，第二天向主管上司提交申请书。（9）其他假期应用现行制度。（10）总务部全面监督本决定的执行情况，有违反者，经主管上司的同意，对其进行处罚'。"

实际上更多的情况下，经营管理者和非计件工资制员工的定期休息每个月不足 6 天。经营管理者和非计件工资制员工在 1998 年 5 月、6 月、9 月的出勤状况如表 5-13 所示。

表 5-13　张瓷公司经营管理者和非计件工资制员工的出勤状况（1998 年）

	5月	6月	9月
应出勤天数（天）	22	24	24
考勤总人数	69	65	67
加班人数	55	50	47
加班人数比例（%）	79.7	76.9	70.1
加班人员的平均加班时间（天）	4.4	3.9	2.7

资料来源：根据张瓷公司总务部的出勤考勤记录绘制而成。

如表 5-13 所示，5 月、6 月和 9 月，70% 以上的经营管理人员和非计件工资制员工都有加班。加班人员的平均加班时间从 2.7 天到 4.4 天不等，本应用来休息的一半时间都被用来加班了。并且现状是虽然有串休和给予补贴的规定，但是基本上没能完全执行。

再看看年末年初的假期出差情况，1998 年旧历正月的出勤状况如下：

假期安排：公司全体员工从 1 月 25 日起开始休假，干部 2 月 3 日开始上班，一般管理人员从 2 月 6 日开始上班，其他一般员工从 2 月 12 日起开始上班。

年末年初假期的出勤安排：1998 年 1 月 25 日刘某（女），26 日张某，27

5 劳动时间的变化

日侯某，28日曹某，29日张某，30日李某，31日张某（女），2月1日李某，2日张某，3日李某、张某、刘某（女）、张某，工作地点是传达室，假期工作时间是上午8：00到下午17：00。

出勤人员的工作内容：（1）工作期间处理与公司相关的所有业务，认真做记录；（2）与保安一起确保公司生产设备和设施的安全；（3）不得擅自离开岗位。

5.3 劳动者的认识与评价

张瓷公司的工作时间管理是以生产状况为核心进行的。员工及经营管理者对此有以下意见：

1997年10月的问卷调查中，有关"是否在为公司无偿加班"这一问题，答案是"经常"的达到了65.1%，答案是"没有"的仅为3.8%。"是否介意延长工作时间"这一问题，87.7%的被调查对象做出了肯定的回答，非常介意。对于"对你的工作时间是否满意"这一问题，其答案如表5-14所示。

表5-14 对你的工作时间是否满意

属性1	属性2	人数	满意（%）	一般（%）	不满意（%）	不知道（%）
全体	全体	106	51.9	17.0	28.3	2.8
性别	男	62	46.8	21.0	30.6	1.6
	女	44	59.1	11.4	25.0	4.5
工种	经营管理人员	13	61.5	15.4	23.1	0.0
	专业技术人员	14	42.9	14.3	42.9	0.0
	现场生产人员	66	47.0	18.2	31.8	3.0
	辅助人员	11	72.7	18.2	0.0	9.1
	工种不确定人员	2	100.0	0.0	0.0	0.0

资料来源：根据笔者1999年7月调查制作。

对于工作时间，回答是"满意"的为51.9%，"不满意"的为28.3%，满意的人数稍多，但仍有约三分之一的人不满意。从工种上来看，经营管理人员和辅助人员的满意率比较高，现场劳动者和专业技术人员满意率则比较低。另外，在口头调查中，对于工作时间还有如下意见：

第一，对于"你的假期能兑现多少，不能兑现的原因是什么"这一问题，生产部质量管理人员李某（男，29岁，1997年4月进入公司）的回答是"我只能兑现50%，因为工作忙。另外，想要休息还要根据生产情况来决定并获得主管上司的许可，很麻烦。要是能够固定休息时间就好了"。机械维修人员张某（男，24岁，1997年进入公司）和生产部副部长兼成品部部长的师某（男，28岁，1992年10月进入公司）的回答分别是"我这只能兑现40%，因为公司不同意，要是要求全部兑现的话，恐怕会被扣工资的"，"我的话只能兑现20%，因为工作忙根本没时间休息，要是可以的话，我当然想休息"。财务部兼生产部质量管理人员的刘某（女，45岁，1993年进入公司）的回答是"由于工作的原因，我几乎不能休息。事实是每月6天的休息时间我享受不到，要是能改善一下就好了"。

第二，对于"你对于周六周日上班的做法有何看法"这一问题，小李的回答是"说真心话，周六周日不想上班，但是只要车间还在生产，作为产品质量管理人员我就不得不上班，真的是很矛盾。要是公司能给支付适当的报酬的话，也许我的看法会有所改变"。总经理顾问任某（男，63岁，从国有企业退休后，作为特别管理人员于1997年5月进入公司）就经营管理人员的假期上班的效果说到，"除紧急情况，假期最好还是不要上班，就目前的效果来看，假期上班没什么显著效果"。有关假期上班的奖金，张某和师某的回答分别是"周六周日上班本来就是加班，应该给加班费，但是实际上，我根本没领到加班费"，"我也知道周六周日上班是为了工作，但是对于这种假期上班的待遇也应该有所改善了"。张瓷公司根据情况采取了限制5名以上的经营管理人员同时休假的政策。有关这一点，潘某提议："必要的到岗虽然会给生产带来很好的影响，但是其中以不超过假期总数（每月6天）为目的的上班也不少，这种情况应该改一改了"。刘某也十分期望假期能够得到保证，"公司应该执行国家规定的假日，这与员工应该遵守企业的各项规章制度一样。到目前为止，公司虽然推行的是月休6天的工作制度，但是这根本不够员工恢复体力之需，为了生产率的提高和员工的身心健康，应该实行双休日制度"。1996年员工对张瓷公司的经营管理提出的建议中，最多的是"现在公司实行的是月休6天，希望从1996年开始实行双休制（张某，女，财务部销售员，1996年2月递交该建议书）"。

第三，在张瓷公司，因计件工资制的实施，现场劳动者的工作时间在一

5 劳动时间的变化

定程度上自由了。与此相对，虽然"员工的工作生活得到改善，给生产效率也带来很好的影响"这样的肯定意见多了，但是像"在计件工资制的背景下，员工都开始追求高薪，主动延长工作时间的人不少。长时间的加班有损员工的身体健康，这与劳动事故有着密切的关系。目前还没有发生这样的事故可以说很万幸，但是今后一定要注意"这样，指出潜在问题的意见也不少。

在张瓷公司生产任务不足时，公司会暂时停业。就这一问题，"生产任务少时，暂时停业是合理的，但是考虑到员工的生活，也应该采取一定措施给予保障"等意见逐渐增多，但是也有如下意见："暂时停业对于员工的心理的稳定和操作技能的持续提高有很大的负面影响，还是尽量避免的好（师某）"。

大体上说，对于张瓷公司的工作时间管理，员工和经营管理人员的意见都集中于假期的确保和假期出勤的待遇上。对于公司推进周六、周日上班这一点，来自员工和经营管理人员的"除必要情况外，假期就应该休息"这样的意见非常醒目。另外对于假期上班的奖金问题，由于公司把假日出勤作为业绩考核的一个项目，所以面对公司控制奖金这一点，员工都要求加班费等合理的报酬。

5.4 小结

考察整个张瓷公司劳动者的工作时间可看出以下变化：

第一，就业形式多样化。张瓷公司根据员工负责的业务的特征将就业形式多样化。例如，对于现场劳动者为采取以计件工资制为核心的工资体系而解除了一直以来的8：00上班、17：00下班的就业形式，导入了利于员工工作的就业形式；对于销售员采用了与业务内容相适应的自由度很高的就业形式。对于适用非计件工资制的经营管理人员根据通勤的交通状况而时不时地变更其上班时间。这样的就业形式多样化不仅提高了生产效率，还会改善员工的生活。

第二，缩短工作时间的课题。张瓷公司自1995年开始，遵照《劳动法》的规定，规定了每周工作44小时的工作制度。其后，从1995年的5月开始又导入了政府的双休（每周工作40小时工作制）制度，由此张瓷公司应对生产状况而断断续续地采取双休制以缩短工作时间。在张瓷公司规定的工作时间虽然缩短了，但是由于生产经营状况等原因，加班时间仍处于增加状态。同时带薪休假和探亲假的兑现率也很低。张瓷公司员工的工作时间随着企业管理的改善，在制度上不断减少。但是，随着市场经济体制的确立，企业渐渐重视起经济效益来，由此也导致了制度上的工作时间和实际工作时间之间的差距。今后有必要考虑对策以解决这一问题。

第三，以生产状况为核心的工作时间管理。由张瓷公司员工的实际工作时间和假期的变化可以看出，工作时间的管理不是以员工的身心健康和体力恢复为目的的，而是根据企业的生产状况来决定、变更休假时间，以确保生产任务或企业的生产效率和收益为核心的。另外，员工的实际工作时间非但没有缩短，反而因计件工资制度的导入，使得员工特别是现场劳动者的工作时间增加了。在确保生产任务的同时，员工也希望企业能够重视员工的身心健康和改善其生活、工作状况。

6

劳动者福利转型

完善企业劳动保健环境是提高企业生产效率和劳动者工作生活质量必不可缺的一环。其内涵涉及甚广，从福利保健至工作环境，涵盖多个层面。在本章中，将着重考察张瓷公司的福利保健和安全卫生两个方面，对其现状和存在问题进行分析。

6.1 福利健康管理

为了吸引新的优秀人才、提高在职劳动者的劳动积极性，企业一边致力于改善基本的、与劳动者密切相关的劳动条件如提高薪金、缩短劳动时间等，一边大力实施可提高劳动者及其家人生活质量的福利保健措施。而在当今社会，企业福利保健主要包括以单位分房或提供单身宿舍为主的住房支援、提供工作餐及在养育下一代时给予帮助的生活支援、提供医疗条件或医疗保险和提供文化娱乐设施等内容。

6.1.1 住房补助

劳动者的住房问题对中国企业来说一直都非常重要。1949年新中国成立后，中国城市住宅基本政策为以公家为主体的建设和出借。其中的公家住宅建设并非字面所指的由专门的行政部门或行政机关主持建设住房，而是由拥有广大劳动者的各企业、行政机关、公司团体为满足自家劳动者的住房需要单独进行的住房建设。地方行政机关所拥有的住房多数也没有采取直接出借给个人的形式，而是出借给该个人所在的单位由单位负担起大部分的房租。可以说城市中劳动者的住房问题几乎都是通过单位企业得到了解决。

变革的内在动力——社会转型中的企业劳动关系分析

企业提供住房给劳动者，而且需要劳动者负担的房租非常低。这部分房租不是通过计算房屋的建筑费用和管理维修费用得出的价格，大多数情况甚至比管理维修费用更低，所以其中不足的差额就得由各企业来承担了。住房提供和补助是企业除工资外付给劳动者的各种各样补助当中金额最高的一项，是与劳动者基本生活密不可分的内容。

改革开放以来，为顺应市场经济制度、减轻企业负担，中国政府颁布了一系列住房制度改革措施。总结起来主要是两个方面的改革。第一，打破人们所持有的"住房属于福利保健"的固有认识，尝试将住房作为商品进行商品化；第二，针对现行的低房租制度进行的改革。1980年6月，中共中央及国务院提出劳动者可建私宅、购私宅、持有私宅的改革方针。1995年国务院下达了《关于深化城镇住房制度改革的决定》。1995年2月，财政部根据上述决定制定发布了《关于企业住房制度改革若干财务问题的规定》。在该规定中，财务部规定："企业必须负担相当于劳动者（退休人员和临时工除外）工资总额5%的住房公积金，此外，企业不得承担该由劳动者个人负担的部分。房租的增幅和住房补助基准必须遵照所在地方政府的相关规定。企业必须按照国家统一标准价格将现有住房卖给劳动者。"这一系列改革措施将企业全权负责劳动者住房的旧有制度更改成住房公积金制度，无非是想减轻企业的负担，提高企业生产活动的积极性。

根据住房政策的改革，张瓷公司对劳动者住房补助进行了如下调整。

1. **家庭职工宿舍**

张瓷公司虽没有向全体劳动者提供住房，但为从总公司调来的正式劳动者提供公司职工宿舍。且遵照总公司的规定对公司职工宿舍进行管理和收取房租。1995年3月1日，总公司制定了《有关公司职工宿舍管理和房租的相关规定》，强化了职工宿舍的管理并调整了房租。

根据规定，不是所有劳动者都能够享受公司职工宿舍，而是只限于那些现今没有住房且情况特别困难的劳动者。

职工宿舍管理方面，则规定入住者必须保护公共设施，维持自家周边环境卫生，保持宿舍内清洁，不得擅自搭建和改建房屋。

房租方面，根据住房标准和住房改革政策，从1995年1月起每三个月向生活部交一次房租（最开始为每月的15日至20日），一次性交清三个月的。一部分房屋的标准房租为每月10元，且施行水电费按使用量结算的政策。

宿舍房屋面积约 17 平方米，入住者的占用面积根据家庭成员人数进行分配。有的分给两间房，但大多数情况都是一间房。按照这样的情况，一个家庭的房租为每月 10 元左右，占张瓷公司 1995 年劳动者平均收入（月均 378.25 元）的 2.6%。虽然住房改革后房租有所上扬，但现阶段公司职工宿舍的房租与劳动者收入相比，可以说仍处于比较低的水平。

之后，再次调整了房租。公寓形式的公司职工宿舍的房租直至 1998 年都是按照每平方米 1.2 元的标准进行征收的。从 1999 年开始，按照张家市的实际水平上涨到每平方米 1.6 元。以 1998 年入住公寓形式的公司职工宿舍的刘某为例，他所入住的公寓为 47 平方米的两居室。儿子和女儿都已成婚且另有居所。所以现今只有刘某夫妇二人居住。1999 年的每月房租为 75.2 元，占刘某收入（月均 700 元）的 11% 左右。房租在企业劳动者收入中所占比例虽然依旧很少，但已随着改革政策的实施慢慢有所增加。而且，张瓷公司位于张家市靠近市郊的地方，所以住房情况还算相对良好。现在，包括总公司在内，80% 以上的劳动者都住在公司的公寓和宿舍里。

2. 单身宿舍

张瓷公司除了为成家的劳动者提供宿舍外，还为单身和只身往外地就任的劳动者提供单身宿舍。入住的劳动者可向总务部提出申请，审查合格后即可入住。入住前必须交纳一定数额的保证金，如居住期间没有发生任何情况，该保证金将在退还宿舍时全额返还。此外，居住期间还须每月交纳一定数额的房租。有关单身宿舍的管理和房租，总公司综合了张瓷公司的情况于 1995 年 3 月 1 日制定了《单身宿舍管理制度》。

管理制度规定了单身宿舍的入住规则。单身宿舍各房间配置了衣柜、桌椅等，入住者须爱护公共物品，每日 8：00 前倒垃圾，保持房间清洁，不得往窗外乱扔物品，个人物品（衣服和卧具等）如有需要可交由住宅管理室保管，为了维持室内卫生不得存放多余的物品，入住者不得进行赌博活动、斗殴、大声喧哗等一切影响周围的行为。如因结婚等理由需要退房时，必须先向住宅管理室提出退房申请。如亲友来访，可向住宅管理室申请使用亲友招待室，严禁擅自留宿来访人员。公司会定期对单身宿舍进行检查，如发现有人违规，会处以违规者罚金和取消入住资格的处罚。管理制度通过以上制度规定强化了单身宿舍的管理。

房间使用方面，原则上是一屋四个人，技术人员和管理人员可三人一屋。

变革的内在动力——社会转型中的企业劳动关系分析

房租方面，入住者每人须交纳 100 元押金及每月 16 日向住宅管理室交纳 5 元的房租。亲友来访使用亲友招待室时，每人每天须交纳 2 元费用。如业务方面需要使用客房，每人每天交纳 5 元费用，通过这样全面实现宿舍收费。此外，入住者还须将公司补助的 50% 暖气补助金作为暖气费用交纳给公司。

娱乐室使用方面也实行收费制，电视室的开放时间为 19：00～23：00，节假日的 14：00～17：00 另开放。乒乓球室常年开放，劳动者使用费用为 1 元/时，使用前交费。

张瓷公司的单身宿舍设在工厂内办公楼的 3 层和 4 层，1998 年 7 月的入住者约为 60 名。居住状况根据入住人数的不同略有变化。女职工 3～4 人一个房间（约 18 平方米），男职工则 5～7 人一个房间（约 18 平方米）。根据管理制度，入住时交纳的押金为 100 元，而 1998 年的房租为每月 5 元。此外，2 层的一般会议室内装有电视和乒乓球台，无会议时充当娱乐室的功能。

为了强化对单身宿舍的管理，张瓷公司结合本公司的实际情况于 1997 年 8 月制定了《单身宿舍管理规定》。规定劳动者入住时所持行李箱等私人物品必须先到总务部进行登记，只能使用指定的房间和床位，不可擅自移动，严禁在没有总务部和警卫部的许可下留宿外来人员，为防止事故发生要小心用火，不得将易燃易爆、有毒物品带入宿舍，外出时要锁好门窗，钥匙要随身携带，就寝前务必从里面锁好房门，根据公司的从业规则单身宿舍的门禁时间为 22：00 等。

张瓷公司的单身宿舍因位于工厂内部，所以很可能出现公家物品和私人物品混淆的情况。为了加强这方面的管理，管理制度规定劳动者入住时须在总务部登记所携带私物。由于入住者人数众多，所以劳动者要看管好自己的物品，并且不要在宿舍内存放大量现金和贵重物品。此外，为了确保集体生活安全，劳动者要小心用火，不得将易燃易爆、有毒物品带入宿舍，外出及就寝时要锁好门窗等。

包括总公司在内，单身宿舍管理上最大的变化就是实行了使用收费政策。在经济改革初期，中国企业的单身宿舍被视为劳动者福利保健的一部分，实行的是完全免费制度。但随着市场经济制度的深入，企业盈利意识日渐增强，张瓷公司那样的中小企业打破旧有的单身宿舍管理习惯，开始对宿舍的使用收取费用，实行收费化管理。虽然每月收取的房租只有区区 5 元，还不到收入（1997 年张瓷公司劳动者的月平均收入为 379.45 元）的 2%，但比起过去

的无偿提供,不得不说人们的思维方式已朝着市场经济体制改革的方向跨出了一大步。

6.1.2 生活补助

中国企业给予劳动者的生活补助包括提供食堂和保育设施、实行省亲制度、暖气费补助和交通费补助等多个内容。改革开放以来,设施的运营和补助形式虽随之有所变化,但基本结构仍没有改变。下面本章就将从以下几个方面分析张瓷公司对劳动者的生活补助。

1. 员工食堂、保育设施、员工澡堂

20世纪50年代,企业为其劳动者提供食堂、保育设施、澡堂等福利保健设施。为维持上述的福利设施,企业不得不投入庞大的人力和物力以建立完整的服务体系。通过提供这些设施企业承担了劳动者日常生活的大部分开销,一个企业具备了一个小型社会的性质。之后,随着市场经济的不断成熟,企业福利设施运营方式也发生了变化。本书中的张瓷公司也为其劳动者提供了食堂、保育设施、澡堂等福利保健设施。

员工食堂

20世纪50年代,劳动者食堂作为改善劳动者工作生活的重要组成部分开始受到重视。行政条款甚至明确规定新建企业时必须新建劳动者食堂。1962年国务院下令将食堂劳动者纳入企业正式劳动者范畴,因此产生的所有费用(特别是食堂劳动者的工资)将从生产费用中支出。1964年,劳动部规定了食堂劳动者与食堂使用者间的具体比例。使用者为不足200人、200至500人和超过500人时,一位食堂劳动者应相应地为25～30人、30～35人、35～40人的使用者提供服务。可根据不同需求开设各式食堂。如根据利用食堂的劳动者人数及工作场所的聚集情况,由一家企业或几家企业联合运营的一般劳动者食堂;专为从事易患上职业病工作的劳动者开设的营养食堂;专为少数民族劳动者开设的民族食堂等。

改革开放前,基于劳动者食堂属于劳动者福利保健一部分的认识,企业承担了劳动者食堂运营方面产生的赤字。但随着企业经营管理的不断变革,食堂开始采取独立核算方式,与企业生产相分离,并朝着向市场开放的目标逐步改变。在这样的社会背景下,可以看到张瓷公司的劳动者食堂也发生了如下变化。

企业变革的内在动力——社会转型中的企业劳动关系分析

1993年张瓷公司创办之初是没有劳动者食堂的。当时住在宿舍的单身劳动者和只身赴任劳动者的三餐都只能在总公司食堂解决。1995年,张瓷公司为劳动者开设了单独的小食堂。当时的食堂劳动者只有两名,而利用该食堂的人数大概为20人。之后,随着生产的扩大,劳动者特别是单身劳动者的人数大幅增加。为了适应这种现状,张瓷公司增大了食堂的规模,并从1997年6月起将其作为开放性食堂进行经营。现在总公司的劳动者也能够到张瓷公司的食堂就餐了。

张瓷公司的食堂一改昔日"食堂经营就是照顾劳动者的福利活动"的经营理念,采用了盈利和福利并重的方针,也就是食堂经营不追求利益但也不出现赤字的方针。自从采用了盈利和福利并重的经营方法,食堂的经营状况慢慢地有所改善,1998年8月食堂工作人员达到5名,而包括总公司劳动者在内的使用者则增加到了70人。除了供公司劳动者就餐外,食堂还接待外来就餐客人和商务会餐,而且只收取市场价格的四分之一。这样一来,既增加了食堂的收入又替公司节省了业务应酬上的花费。1998年6月,食堂的销售额为3426.4元,其中650.5元来自于外来客人的餐费。这个数目大约与营业收支持平。

为了加强对食堂的管理工作,公司于1997年8月专门为食堂劳动者制定了以下注意事项。"(1)食堂劳动者必须注意个人卫生,时常保持制服、指甲和头发等清洁干净;(2)定期对餐具、烹饪用具和厨房进行消毒,确保卫生安全;(3)制定一天一换的菜单,每天按照计划提供膳食,严禁使用变质的材料;(4)食堂劳动者须虚心听取用餐者的意见,致力于提高食堂品质;(5)须详细记载业务上或公司的请客接待情况;(6)上班时间不得离开食堂;(7)为防止失盗和投毒,下班离开前须仔细检查门窗是否锁好,确保安全;(8)使用完煤气等设备后,要仔细检查开关是否已关闭,防止事故发生。"这些注意事项不光是针对食堂劳动者制定的工作守则,对食堂的经营管理来说也是意义重大。从中我们可以看出企业经营者随着企业经营管理的改革,试图在制度和规则下管理食堂的经营理念。

可能从就餐者角度来说,食堂还存在很多问题,如提高饭菜质量等,但总体来说,劳动者们还是给予了食堂"饭菜便宜,方便实惠"的不错评价。表6-1所示为张瓷公司劳动者食堂某日的午餐菜单。

6 劳动者福利转型

表 6－1　张瓷公司劳动者食堂的午餐菜单（1999 年 7 月 6 日，星期二）

菜		主 食	
菜名	价格（元）	名称	价格（元）
黄瓜炒肉	1.0	米饭（一份）	0.6
芹菜炒肉	1.0	馒头（个）	0.4
青椒炒肉	1.0	包子（糖馅）	0.6
韭菜炒鸡蛋	1.0	包子（豆馅）	0.6
凉拌黄瓜	0.6	—	—

资料来源：根据笔者 1999 年 7 月调查制作。

住在单身宿舍的年轻男女劳动者情况可能有所不同，但如果是在食堂就餐的话，一天的伙食费大约为 5 元，每月约 150～200 元，伙食费大约占月收入的 30%。

张瓷公司的食堂经营理念的变化体现了企业对福利保健设施性质认识的变化，是企业为适应市场经济所做出的重大调整。张瓷公司通过提高食堂整体质量、对外开放，给予了劳动者更多的选择，还借由竞争带给了总公司食堂一定的冲击，把竞争这股新风带进了劳动者食堂旧有的经营理念中。

保育设施

保育设施是企业为减轻女劳动者负担、促进劳动者孩子健康成长的重要手段。《劳动保险条例实施细则》规定，实施劳动保险条例的企业中，在家有小孩年纪不足四岁的女劳动者人数达到 20 人时，劳动工会和经营者应与出资者协商，单独或合作设立保育设施。现在，除了企业设立的保育设施，还有很多由行政机关的教育卫生部门、民间、私人经营的幼儿园托儿所等保育设施。

保育设施方面，张瓷公司的劳动者利用的是总公司的保育设施。该设施位于工厂的一角，配有 6 名工作人员，现在入托的孩子大概有 50 人。开园时间为每周星期一到星期五，每天早上 8：00 到 17：00。入托的孩子们可在园内解决一日三餐。

保育设施采取独立运作，经费来源于入托孩子父母交纳的托儿费和公司的补助资金。以 1999 年为例，一个孩子每天的托儿费为 2 元，此外每月还要加上一笔附加费用。而这笔附加费用则按照孩子父亲为公司劳动者交纳 9 元，孩子母亲为公司劳动者则交纳 4 元的规则进行征收的。也就是说，一个男性劳动者的孩子一个月入托 20 天，该男性劳动者每月为此支付的费用为 49 元（20×2 元＋9 元＝49 元）。一个女性劳动者的孩子一个月入托 20 天，该女性劳动者每月为此支付的费用为 44 元（20×2 元＋4 元＝44 元）。另外，公司每月的补助金为每个孩子每月 10 元。

总之，与改革前相比，张瓷公司的保育设施发生了以下两个方面的变化。第一，保育设施的运营与企业经营相分离，在一定程度上实行独立运作；第二，保育设施的经费从原来的全由企业负担变为由使用者负担。1999 年张瓷公司的保育设施每月的运营经费如平摊到每个入托孩子身上大约为 60 元，企业只承担了其中的 17%，剩下的超过 80% 都来源于孩子的父母。像这样经营方式和经费来源的变化体现了企业随着市场经济体制的确立，对保育设施这项福利设施性质认识正发生着改变。

员工澡堂

在劳动者澡堂方面，张瓷公司的劳动者一直使用的是总公司的澡堂。澡堂分男女澡堂，大部分配备的是淋浴设备。开放时间为每天下午 15：00 到 18：00，有时也会延长至 19：00 或 20：00。公司劳动者可免费使用澡堂，但须自备洗浴毛巾和洗发水等物品。根据本厂的生产状况，张瓷公司澡堂还允许现场工作人员和监督管理人员在每周的星期二、星期五和星期天上班时间的 16：00 后使用澡堂。因为公司住宅离工厂很近，还经常可以看到劳动者家属免费使用公司澡堂的现象。也就是说，公司虽想加强对公司澡堂的管理却迟迟没有实施有效的方案，这正是公司在劳动者澡堂管理方面所面临的问题和现状。

2. 探亲制度

中国的劳动者探亲制度始于 20 世纪 50 年代。地质采矿业、石油、电力等部门根据本行业的特殊性自主为该行业的企业劳动者制定了探亲制度。1958 年国务院发布《关于工人、职员回家探亲的假期和工资待遇的暂行规定》（以下简称《规定》），确立了全国统一的职工探亲制度。1981 年，国务院在 1958 年《规定》的基础上发布了新的《关于职工探亲待遇的规定》，成为现今各企业采用的劳动者探亲制度的依据和根本。新《规定》主要在以下方面做出规定：

关于适用对象和条件，规定行政机关、学校等事业单位或国有企业工龄超过一年的正式职工，如与配偶两地分居且利用周末也无法团聚（主要是远距离）时，可享受与配偶团聚的探亲假期；如与父母两地分居且利用周末也无法团聚（主要是远距离）时，可享受与父母团聚的探亲假期。

关于探亲假期的时间，规定未婚青年可一年一次，一次20天回家探望父母。如因工作原因或本人的意愿两年探一次亲，可享受探亲假45天。已婚人士夫妇任意一方可一年一次，一次30天前往与配偶团聚。已婚人士还可享受四年一次，一次20天回乡探望父母的探亲假。如相隔距离着实很远，可根据实际情况适当调整探亲时间。

关于探亲期间的工资，规定应根据该劳动者的工资水平全额支付基本工资。关于探亲路费，规定未婚青年探望父母和已婚人士探望配偶所花费的路费应由所属机关和企业负担；已婚人士探望父母所花路费如未超过该劳动者基本工资的30%时，由该劳动者全额承担，如超过30%，超过部分由所属企业负担。探亲途中如因换乘必须留宿旅店时，住宿费应由所属企业承担。

张瓷公司秉承以上的基本精神，综合考量了企业的经营状况和劳动者的福利待遇状况，于1995年8月8日提出了《关于劳动者生病、结婚、生产、探亲等假期的修正意见》。规定"病假：一天补助4元；因结婚、生产、葬礼、探亲（年假）休假：一天补助6元；事假：休假期间既不发放补助也不处以罚金"。

《修正意见》中将劳动者的病假、婚假、产假、探亲假与事假相区分，采取了区别对待。前者属带薪休假，企业给予4元一天或6元一天的补助。从补助金额来看，劳动者的病假、婚假、产假、探亲假虽被视为带薪休假，但补助金额实际只有上班时收入（1995年张瓷公司劳动者月平均收入为378.25元）的30%~40%。另外，劳动者事假虽不被处以罚金，但也没有任何补助。这可以说是公司的经营者从劳动者的利益出发，希望通过免薪和减薪来达到减少劳动者不必要休假的举措，是一项提高生产效率、与市场经济体制相匹配的措施。

3. 暖气费补助

暖气费补助同样也始于20世纪50年代。当时，财政部为在中央政府机关工作且适用于工资制的职员制定了暖气费补助政策。规定冬天向上述职工每人每天补助0.25千克煤炭。1955年，国务院实施中央政府职员的宿舍暖气费补助规定。规定冬天政府须每月向职员补助相当于职员工资6%的暖气费用，其他企业可以此为参照进行具体规定，暖气费补助正式列入福利保健行列。之后，规定进行了修正，基本方针如下：

适用范围方面按地域进行划分。范围包括以秦岭—淮河为界的以北地区和以南地区中海拔高、冬天寒冷的县及自治区。在适用范围内地区工作一年以上且与家人同住并自己进行供暖的劳动者可享受暖气费补助。此外还规定，如劳动者家里配备了取暖设施且由公家集体供暖时，虽该劳动者无权享受暖气费补助，但可不交纳暖气费。暖气费补助的标准和发放期间由各省、自治区、直辖市按照该地域的气候条件自行规定。经济改革以来，暖气费补助随着住房政策的改变也不断发生着变化。

张瓷公司因与总公司共用劳动者宿舍、单身宿舍，所以暖气费政策方面也与总公司保持一致。1996年9月26日，总公司（适用于张瓷公司）制定了当年暖气费补助政策《关于入住劳动者宿舍和单身宿舍劳动者的暖气费补助规定》。规定"入住单身宿舍的劳动者可获得50%的暖气费补助；入住劳动者宿舍的劳动者和其家属可获得从交纳的暖气费总额中扣除每户一人份（原则上为户主）暖气费（暖气使用费用按照相关规定另行计算）后的部分。由生产部门提供入住劳动者的名单，劳资部门制作支付清单，财务部门按照支付清单将暖气费补助加入工资总数发放给劳动者。另外，从劳动者暖气费中扣除的部分作为专用资金进行管理，用于支付企业生活设施暖气费"。

张瓷公司在旧有认识的基础上将暖气费补助定位于企业福利保健政策的一部分，补助对象涵盖了所有劳动者，包括了入住劳动者宿舍和单身宿舍的劳动者。但是，随着企业的改革，对入住劳动者宿舍和单身宿舍的劳动者的暖气费补助也被削减，从原来的全额补助变为半额补助。而且，规定将劳动者暖气费中扣除的部分作为专用资金进行管理，用于支付企业生活设施暖气费这一举措也充分体现了经营者试图渐渐将福利保健与企业的生产经营相分离的意图。

在发放暖气费补助的同时，公司决定对入住劳动者宿舍、享受公司集中供暖的劳动者收取暖气使用费。1996年10月1日，总公司（适用于张瓷公司）制定了《关于入住劳动者宿舍和单身宿舍劳动者的暖气使用费规定》。该规定加强了对暖气使用的管理，具体内容有："本年度的暖气使用费将按照市政府（1995）91号《关于调整民用集中供暖使用费基准的通知》的规定进行收取。供暖期间为5个月，每月的使用费按1平方米4.17元的标准严格进行收取。"还规定，如劳动者未交纳1995年度的暖气使用费，则应按照新标准先补足未交纳的部分。规定要求公司劳动者为了更好地使用暖气，应积极地配合公司的工作。

张家市位于中国的北方，冬季犹如东北地区般寒冷，所以该地区的供暖期间长达5个月之久。根据上述规定，享受公司集中供暖的劳动者每月需按一平方米4.17元的标准交纳暖气使用费，这个数目与原来相比有所上涨。比如：一个住宅面积在30平方米左右的三口之家每月应交纳的暖气使用费大约为125.1元。1996年张瓷公司劳动者的月平均工资为346.75元，暖气使用费高达工资的30%之多，不得不说是略微偏高了。在中国，即使劳动者调换工作，使用原单位住房的人绝不在少数。张瓷公司的情况也一样，已调换工作的劳动者却仍居住在公司宿舍的现象屡见不鲜。为了加强对公司宿舍的管理，张瓷公司开始发行收条，采取措施让调换工作劳动者的新单位来承担一部分的暖气使用费。这正体现了企业是以营利为目的的组织，应该通过削减补助金、提高设施使用费及强化管理等手段来达到减轻企业负担、激发企业生产经营活力的目的。

4. 生活困难补助

生活困难补助制度始于1950年。当时，中华全国总工会制定了相关规定，将各地工会会费收入的20%作为生活困难补助基金，用于补助会员。1956年，中华全国总工会发布《职工生活困难补助办法》，将生活困难补助制度作为劳动者福利保健的一部分固定下来。

收入低、扶养人口多、无法维持当地最低生活水平的职工和因意外事故生活陷入困境的职工可享受补助。

想要申请补助的困难职工须递交申请书，所在工作单位审批后递交上级机关，上级机关决定的最后结果会定期进行公布。生活困难补助分定期、临时和季节性三种。生活困难补助的实施者原则上由各级工会担任，如没有工会，则可由企业等行政单位和经营者担任。

补助金的金额应先由政府根据地区和生活水平制定一个标准范围，然后各实施机构可参考政府制定的标准自主进行发放。如1988年政府所制定的生活困难补助的上限为：大城市50元，中等城市45元，小型城市和县40元。

张瓷公司虽不常发放生活困难补助，但也差不多是每年皆有。一般是在年末和春节前进行发放。而且,当时张瓷公司由于没有独立的工会组织,所以生活困难补助的发放者是由经营者兼任的。1998 年,张瓷公司在年末向三名劳动者发放了生活困难补助金,其中一人领取了 150 元,其余两人领取了 200 元,共发放补助金 550 元。

随着企业的改革,生活困难补助的发放情况也有所变化。拿张瓷公司来说,补助金的发放范围跟以前相比就有逐年缩小的趋势。

5. 交通费补贴和交通班车

1957 年,国务院发布《关于职工生活方面若干问题的指示》,要求包括企业在内的各行政机关采取有效措施解决劳动者的上下班问题。据此,各地行政机关调整了交通车的运行时间和劳动者的上班时间,同时还开始发放上下班交通费补贴。1978 年,财政部和国家劳动总局发布了《关于建立职工上下班交通费补贴制度的通知》,正式确立了交通费补贴制度。现行的交通费补贴制度的基本方针如下所示。

指定北京、天津、上海、各省及自治区省会所在地、居住人口 50 万人以上的城市和重要矿工业地区为交通费补贴制度适用区域。规定上班地点与居住地的距离相隔 2 公里以上,不得不乘坐公车或骑自行车上下班的职工为交通费补贴发放对象。补贴金额方面,如乘坐公交车上下班,补贴固定的金额和一部分月票;如骑自行车上下班,则适当补贴一部分修理费用;如乘坐公司的交通车上下班,则只适当收取乘坐使用费。

随着工资体系的改革,张瓷公司已经名义上取消了交通费补贴这一项目,将其纳入工资范围里。劳动者上下班可以使用自行车,还可以利用总公司的交通车。住在公司宿舍和单身宿舍的劳动者除外,每天上下班的劳动者中有 30% 的人都利用总公司的交通车上下班。

公司交通班车的运行时间为每周的星期一到星期五,早上 7:20 从市内出发,沿着公司规定的路线前进,在公司规定的地点停靠站,让在此处等候的劳动者上车,最后于上班前 10 分钟到达公司。下班后的 10 分钟从公司开出,将劳动者们送回家。

乘坐公司交通车的劳动者需交纳一定数额的车费。1997 年,每月每人的车费为 5 元,大约只有普通公交车车费(乘坐次数按每月 22 天计算,约 25 元)的 20%,可以说是相当便宜的。

6 劳动者福利转型

6.1.3 劳动者的医疗保险制度

1. 公费医疗制度

中国的劳动者医疗保险制度始于20世纪50年代。分对象为行政机关、学校和医院等的就职劳动者的公费医疗制度和对象为国有企业和一部分公有企业的就职劳动者的劳动保险医疗制度两种。因两种制度都是由国家和企业全额负担医疗费用，所以又被称为"免费医疗"。

1951年2月，国务院发布《中华人民共和国劳动保险条例》，将企业劳动者和劳动者的直系亲属纳入基本的免费医疗的制度当中。以此在企业建立了劳动者劳动保险医疗制度。适用范围包括在国有企业、县以上公有企业就职的劳动者、劳动者的直系亲属和从上述企业退休的职员。

1953年以前，劳动者的劳动保险医疗费用皆从企业的行政费用中支出，1953年以后，按照企业的营业内容采取与劳动者工资总额挂钩的方式，成为专用资金。1969年，财政部下达了有关1969年决算编审工作的通知，规定将占工资总额2.5%的福利费、3.0%的奖励基金和5.5%的医疗卫生费三者统一，确立相当于工资总额11%的"劳动者福利基金"制度。这笔福利基金就成为了劳动者和劳动者直系亲属医疗费和福利费的资金来源。

2. 医疗保险制度的改革

1978年以后，随着企业改革的风潮，旧有的免费医疗制度也发生着变革。

随着中小企业自主经营政策的确立，企业承担劳动者重病和疑难杂症治疗的能力越来越弱。为了解决这一难题，1987年开始，北京、四川等地区开始尝试由行政部门担任管理职能，从企业和个人征收一定的费用设立专门针对疑难杂症的专用基金。1992年劳动部颁发了《关于试行职工大病医疗费用社会统筹的意见》，推动了在全国范围内设立大病专用基金的发展进程。劳动者身染大病后，可让就职单位向大病专用基金管理部门提交申请书，在通过主管部门中劳资和财务负责人的审批后即可获得补助金。按照四川省1989年的规定，300元为启用补助金的起点，医疗费不足300元时，按劳动者承担10%，企业承担90%的比例进行报销；医疗费超过300元时，分为301~1000元、1001~1500元、1501~2000元和2000元以上几个等级，超过300元部分的80%、85%、90%和100%从

变革的内在动力——社会转型中的企业劳动关系分析

大病专用基金中支出。

1994年12月起,国务院发布了医疗保险制度改革试验地江苏省镇江市和江西省九江市的医疗保险改革案,并呼吁全国开始实施该改革案。镇江市的市政府成立"劳动者医疗保险管理委员会",负责该地区所有的医疗保险业务。医疗保险制度的适用对象包括市内公务员、国有企业和公有企业的劳动者、外企和私有企业的劳动者(外驻中派遣员除外)等,范围几乎涵盖了所有的就职劳动者。企业从所有劳动者(包括退休职工)的工资总额中扣除10%,从劳动者的年工资总额中扣除1%作为医疗保险基金。同时,企业给劳动者发放"劳动者医疗证",开设医疗保险费专用账户,将扣除的劳动者工资1%和企业交纳的相当于该劳动者工资的4%~6%部分作为个人专用医疗保险费用。看病时优先从个人专用医疗保险中支出医疗费。具体方法是医疗费不超过劳动者年收入5%时,由个人专用医疗保险费用支付全额医疗费;医疗费超过劳动者年收入5%时,超过的部分按照金额数量由医疗保险基金支付90%~98%。

改革前的免费医疗制度是由企业一方承担劳动者的医疗费用,不能很好地起到制约作用,因此造成了许多的浪费,无形中加大了企业的负担。现今的企业医疗保险制度改革扩大了医疗保险制度的适用范围,并且使参保人也负担一部分医疗费,这可以说是改革最大的特点。

作为福利保健一部分的医疗保险制度不仅要规定医疗费用的来源,还要确保劳动者有接受治疗的时间。为保障劳动者生病和非工伤治疗的合法权益,根据《中华人民共和国劳动法》第二十六、二十九条,1994年劳动部发布了《企业职工患病或非因工负伤医疗期规定》。

劳动者因生病和非公事受伤需取得休假接受治疗时,可凭该劳动者的工龄和在该企业的服务年数取得3个月至24个月(一段时间内的累积休假)的治疗时间。劳动者治疗期间不得解除劳动者的劳动合同。具体的规定为:工龄不足10年且在该企业的服务年数不足5年时,可取得3个月的治疗休假;工龄不足10年但在该企业的服务年数超过5年时,可取得6个月的治疗休假;工龄超过10年但在该企业的服务年数不足5年时,可取得6个月的治疗休假;工龄超过10年且在该企业的服务年数超过5年不足10年、超过10年不足15年、超过15年不足20年和20年以上时,可分别取得9个月、12个月、18个月和24个月的治疗休假。

因非工伤导致后遗症的劳动者和被医生与医疗机构判定为患有疑难杂症的劳动者在结束治疗或治疗期满后仍无法胜任原有工作和新的岗位时，应参考工伤和职业病的标准由劳动鉴定委员会鉴定其劳动能力，如被判定为1～4级伤残时，可解除劳动合同享受退休职工待遇；如被判定为5～10级伤残时，在接受治疗期间不得解除劳动合同，治疗结束仍无法痊愈、被解除劳动合同的劳动者，企业应按照相关规定给予一定的经济补偿。

张瓷公司所在的河北省虽然已经确立了统一的医疗保险制度，但各地区根据其地域各自不同的特征，情况各异。根据河北省统计数据（《河北省经济年鉴——1997版》），到1996年年底，河北省实施医疗保险制度改革的县和市只有56个，仅占县、市级单位总数的40%。现在，各地区的职工医疗保险业务大都还以企业为中心进行。

3. 张瓷公司的医疗保险制度

随着全国医疗保险制度的改革，张瓷公司的医疗保险制度也发生着变化。1995年3月，张瓷公司在新的经营体制下制定了保障劳动者健康的《劳动者医疗及医疗费管理试行条例》。

试行条例针对职工的就诊原则、出差和探亲期间的就诊、在指定医疗机构就诊、在外地医疗机构的就诊、买药等手续进行了详细规定。并采用劳动者医疗费补助比率与本人的就业年限相关的政策。此外还对患大病和慢性病时劳动者个人负担的医疗费和特殊补助、高额检查（比如CT检查、超声波检查等）费用的上限、停薪留职的劳动者（企业不支付其工资）和从事其他工作的退休劳动者的医疗费补助、城市户口的劳动者直系亲属的药费负担比率等进行了规定。在考察了张瓷公司整体的医疗保险制度后，发现主要有以下的变化。

第一，加强了以企业医务室为主体的医疗保险制度的管理工作。规定一般性治疗除了节假日和紧急状态外，劳动者必须在企业的医务室就诊；必须在医务室许可的情况下才能在其他医院就诊；如未取得医务室同意擅自外出就诊时，所有医药费由劳动者本人承担。劳动者出差和探亲期间如需就诊可在当地地区级别以上的医疗机构就诊看病；如身在农村可往乡级以上的医院接受治疗。出差和探亲期间的医药费上限为10元。

劳动者如需住院治疗，须向本企业的医务室提交病历、诊断书和住院通知书，在经医务室主任审查、主管经理许可后即可住院治疗。紧急住院时，也须在事后立即与医务室取得联系，完成相关手续。为方便管理，特指定市附属医院、第一医院、第二医院、第三医院、第四医院、第五医院和轻工医院为外部就诊医疗机构。需在外地的医疗机构就诊时，应向医务室提交市附属医院和第一医院的诊断证明，在经医务室主任审查、主管经理许可后即可接受治疗；医疗费用方面适用本条例。

条例规定了劳动者一般治疗和住院治疗时需取得医务室审查和许可，并指定了外部就诊的医疗机构，通过这一系列的规定加强对劳动者看病就诊制度的管理。

第二，根据该劳动者对企业的贡献（主要依据就职年限）决定医疗费用的补助比率。医疗费补助由本人的供职年限决定。判断标准为：供职不满5年的劳动者，一年可获得25元的补助；超过5年的劳动者，按照多一年多5元的标准往上加，最高不超过150元。该补助在年底结算时支付。此外，还规定供职不满5年、5年以上10年以下、10年以上15年以下、15年以上20年以下、20年以上25年以下和25年以上时，企业分别负担该劳动者的65%、75%、80%、85%、90%和95%的治疗费用。

劳动者工伤应根据劳动安全管理部门的认证确定医疗费用的补助比例，在取得医务室主任的许可后进行补助。

劳动者身患大病和慢性病且个人负担的治疗费用超过该劳动者年收入的30%时，可申请特别医疗补助。医务室审查后交公司管理委员会研究，委员会根据该劳动者的实际情况给予适当的特别补助。此外，高额检查（比如CT检查、超声波检查等）费用的上限设为100元，超过100元时，劳动者本人应负担超过部分的30%。

第三，降低了企业对劳动者直系亲属医疗费的负担额。持有城市户口且没有收入的劳动者直系亲属可向当地的行政部门提交证明，经由主管上司许可和医务室审查后，可享受公司负担50%药费的待遇。未满18岁的子女的医疗费用由母亲所在单位负担55%。总的来说，降低了企业对劳动者家属的医疗补助。

对企业来说，劳动者和劳动者家属的医疗费补助是一笔很大的支出。但是，随着企业的改革和社会保障制度的确立，这笔费用逐渐从企业支出中剥离开来。表6-2所示的是近几年张瓷公司所支出的劳动者医疗费用补助。

6 劳动者福利转型

表6-2 张瓷公司所支出的劳动者医疗费用补助

年度	劳动者数（平均）	劳动者工资总额（千元）	年度医疗费用支出总额（千元）	医疗费用与工资总额的比例（%）
1994	128	416.7	9.5	2.3
1995	164	744.0	11.0	1.5
1996	147	688.0	9.0	1.3
1997	165	760.0	8.9	1.2

资料来源：根据张瓷公司统计资料制成。

随着劳动者人数和工资水平的变化，张瓷公司所支出的医疗费用多少有一些变化，但从每年的支出总额上看不出大的增幅。另外，相对于劳动者的工资总额来说，医疗费用支出可以说只是一笔小数目，并且有逐年渐少的趋势。公司医疗费用总额没有大幅度增长的原因除了公司将劳动者和劳动者家属的一部分医疗费用转嫁到本人身上外，还与通过加强对医疗和医疗费用的管理，一改以往的医疗惯例，抑制了医疗方面的浪费有关。

医疗改革以前，劳动者及其家属的医疗费用不论多少都由企业一方承担。实施市场经济体制后，企业作为独立的经营实体的性质得到加强，企业的经营状况开始直接影响劳动者的收入，甚至可以左右企业自身的存亡。张瓷公司在追求盈利的条件下，加强了对劳动者看病制度的管理，并采取减少浪费和将劳动者和劳动者家属的一部分医疗费用转嫁到本人身上等措施，既保障了劳动者的健康，又减轻了企业的负担，为企业创造了经济利益。

6.1.4 养老保险和失业保险

1. 养老保险

20世纪50年代初期，中国参照苏联的保险制度，开始对职工和公务员实施不同的养老保险制度。1951年2月26日，国务院（当时的政务院）发布《中华人民共和国劳动保险条例》，推动了对企业劳动者实施包括养老、生育、受伤、死亡在内的社会保险制度的进程。截至1958年，我国的企业劳动者养老保险制度的框架基本形成。

1958年2月9日，国务院发布《关于工人、职员退休处理的暂行规定》，统一规定了企业劳动者和行政职员的退休事宜。

规定普通工作的60岁以上且从事该工作5年以上、总工龄20年以上的男性劳动者和职员,从事该工作5年以上、总工龄15年以上且50岁以上的女性劳动者和55岁以上的女职员可享受退休待遇。在野外和高温等劳动条件下从事艰苦工作的55岁以上男性劳动者和45岁以上的女性劳动者即可享受退休待遇。

退休待遇由退休时的退休金和退休后的养老金两部分构成。退休时的退休金多少由本人的供职年限决定。供职不满一年时,退休金为一个月的本人工资;供职在1年以上10年以下时,退休金按多一年多一个月工资的标准往上累加;超过10年时,从第11年起按多一年多一个半月工资的标准往上累加。但是,退休金不得超过30个月的本人工资。另外,退休后的养老金也由本人的供职年限决定。表6-3所示的为1958年企业劳动者和行政职员的养老金标准。因工伤提前退休且需要看护的劳动者可领取相当于退休时工资75%的养老金;不需要看护的可领取相当于退休时工资60%的养老金。

表6-3 1958年企业劳动者和行政职员的养老金标准

总工龄（年）	养老金标准（与退休时本人工资的比例%）	
	普通退休	因病退休
5年以上不足10年	50	40
10年以上不足15年	60	50
15年以上	70	60

资料来源:杨体仁等,《劳动与人力资源管理总览》,中国人民大学出版社,1999,第1103页。

养老保险的资金方面,由企业抽取劳动者工资总额的3%作为劳动保险资金,并将其中的30%上交中华全国总工会作为劳动保险基金。剩余的70%由企业的工会管理,用于支出本企业包括养老保险在内的劳动保险。当本企业的基金无法应对支出时,企业的工会可要求上级工会给予支援。在这个时期,劳动者个人无须交纳保险费。

实际上,由于1966年至1978年间的"文化大革命",保险基金的征收、管理、支出制度无法实施,劳动保险制度名存实亡。

1978年后,随着经济体制的改革,劳动者养老保险制度再次被构建起来。1984年,国家开始在县和市级以上区域推行养老保险制度,1988年年底全国已有90%以上的县、市正式导入了养老保险制度。1985年,一部分地区开始对新招聘的合同劳动者实施向所属企业和劳动者个人征收养老保险费的政策。

6　劳动者福利转型

1986年，国务院发布《关于国有企业劳动合同制的规定》。根据规定，劳动者的所属企业需为劳动者上交相当于劳动者工资15%的金额，而劳动者本人则需上交本人工资的3%作为合同劳动者的养老保险基金。改革后的劳动者养老保险制度与20世纪50年代所实施的养老保险制度最大的不同即为被保劳动者须交纳一部分的保险金。1994年7月所公布的《中华人民共和国劳动法》规定企业和劳动者必须参加社会保险，必须交纳社会保险金。

关于退休条件，《劳动法》做出了如下规定：（1）一般工作：供职超过10年且年满60岁的男性劳动者和男性职员，满55岁的女性职员和满50岁的女性劳动者；（2）在野外和高温等劳动条件下从事艰苦工作：供职超过10年且年满55岁的男性劳动者和年满45岁的女性劳动者；（3）因工伤丧失劳动能力的50岁以上的男性和45岁以上的女性。符合以上规定的人员可退休享受养老保险。此外还规定在取得主管部门许可的情况下，一部分劳动者可推迟其退休年龄。例如，省长、市长、主席、副教授等能延至65岁；教授能延至70岁。

退休后的待遇方面，劳动者的供职年数在10年以上15年以下、15年以上20年以下和20年以上时，退休后分别可领取相当于退休时工资60%、70%、75%的退休金。为了保证退休人员生活安定，规定了养老金的最低水平。分别为1978年25元、1983年30元和1989年50元。

1991年，国务院发布《关于企业职工养老保险制度改革的决定》。以此为依据，劳动部制定劳动部案，规定企业必须将一定比例的劳动者工资总额，个人必须将本人工资的2%～3%（每两年增加1%，最高不超过8%～9%）上交给社会保险机构。社会保险机构用这笔资金成立企业劳动者的基本养老保险基金。除基本养老保险外，同时还推进了由企业和个人的资本构成的"企业补充养老保险制度"的实施。

1994年4月，上海市制定了有关上海养老保险的具体方案。在此方案中，上海市养老保险管理中心将向劳动者配发养老保险手册，并开设个人养老保险专用账户。同时向劳动者个人征收3%的本人工资，向企业征收22.5%的劳动者工资总额，然后将相当于该劳动者工资16%（收自本人的3%和企业的13%）的资金作为劳动者个人的养老保险基金存入个人养老保险专用账户。劳动者退休后将获得一定数额的退休金，如个人的养老保险基金余额不足时，劳动者可申请养老保险管理中心的资助。1995年以后，上海市该方案和劳动部案一起被作为养老保险制度的重点方案介绍到全国各地。

1995年12月，劳动部发布了《关于建立企业补充养老保险制度的意见》，特别针对经营状况良好的企业，除了基本的养老保险制度外，确立了利用企业和劳动者资金成立的"企业补充养老保险制度"。从此以后，上海、大连等城市的企业便逐渐开始实施"企业补充养老保险制度"。

1995年，河北省政府发布《企业职工养老保险制度改革实施方案》，推动了河北省养老保险制度的确立。根据河北省的统计数据（河北省经济年鉴1997版），到1996年年底，约有1.29万家国有企业参加省养老保险制度，包括退休人员的总劳动者数达到294万人；集体所有制企业的参加人员（包括退休人员）约有68万人，参保人数占劳动者总数的90%以上。此外，中国境内外企中的中国劳动者约有60%参加了省养老保险。1996年河北省的养老保险基金收入26.9亿元，支出25.5亿元。

张瓷公司自1994年开始实施养老保险制度。但因为企业的经营状况各有不同且地区整体性制度并未完善，养老保险制度的实施状况大相径庭。以张家市为例，经营状况良好的企业能保证定期交纳养老保险金，但经营状况不佳的企业只能优先发放劳动者工资而没办法保证养老保险金的交纳。张瓷公司由于一直维持盈利经营，所以定期地交纳劳动者的养老保险金。但对象也只限仅占劳动者总数60%的正式劳动者。表6-4所示的是张瓷公司以养老保险金为主的社会保险费用支出。

表6-4 张瓷公司以养老保险金为主的社会保险费用支出

年 度	总劳动者数（平均）	劳动者的工资总额（千元）	社会保险费用支出（千元）
1994	128	416.7	9.5
1995	164	744.0	35.0
1996	147	688.0	17.0
1997	165	760.0	—

注：社会保险费用支出只限一部分劳动者。
资料来源：根据张瓷公司的资料制成。

2. 失业保险

1949年新中国成立之初，由于长年的战争出现了大量的失业者。为救助失业者，1950年5月中共中央下达了关于救助失业者的指示。规定向国有企业、私营企业征收劳动者工资总额的1%，向劳动者个人征收本人工资的1%，再加上政府和企业法人等的捐款成立救助资金，用于救助国有、私营、码头和学校的失业人员。之后由于公有制的普及，国家开始对劳动力进行宏观计划分配，50年代初期所形成的失业救助制度也随之自然消亡了。

但是自从进入了20世纪70年代，失业问题开始浮出水面。随着改革开放政策的实施，国家对劳动力的宏观调配越来越少，在自然形成劳动市场的同时，市场对于失业保险的要求也越来越高。1986年7月12日，国务院发布了《国营企业职工待业保险暂行规定》。规定必须对破产国有企业的劳动者、国有企业被裁员的劳动者、国有企业被解雇的劳动者提供失业后的生活保障。由国有企业向地方政府交纳劳动者工资总额的1%再加上地方财政的补助构成失业者的生活保障资金。失业保险不涉及劳动者个人的出资。

1993年4月12日，国务院第110号令发布《国有企业职工待业保险规定》。规定所有满足所定条件的失业人员皆可从失业保险中领取"失业救济金"（相当于失业补助）。

由企业上交劳动者工资总额的0.6%（可根据救济金的发放情况进行增减，但上限不得超过1%）和地方财政的补助构成失业救济资金。待业救济金的金额可在地方民政部门所规定的该地域社会救济基准的120%~150%，具体的标准可由各省、市、自治区根据该地区的实际情况自行规定。劳动者的供职时间将决定能够领取救济金的时间。供职超过1年但不到5年的失业劳动者最多可领取12个月的失业救济金；供职超过5年的失业劳动者最多可领取24个月的失业救济金。对失业劳动者除了发放待业救济金以外，还应给予医疗补助金、丧事补助金及在劳动者死亡时发放给劳动者家属的救济金。

四川省1994年6月开始实施的《企业职工失业保险规定》中规定，由企业上交劳动者工资总额的1%加上地方财政的补助和失业保险基金的营利组成失业保险基金，支付标准定为四川省困难补助（社会救济）的150%。同样，由劳动者的供职时间决定能够领取救济金的时间。供职时间在1年以上2年以下、2年以上3年以下、3年以上5年以下、5年以上8年以下、8年以上时，可领取救济金的时间分别为3个月、6个月、12个月、18个月和24个月。如该劳动者没有住院，每月可领取相当于失业救济金15%的医疗费补助金；如该劳动者在指定的医疗机构住院时，可领取相当于住院费70%的补助金。失业人员在可领取救济金期间不幸身亡时，可获得相当于4.5个月失业救济金的丧事补助金，同时其家属或正在扶养的直系亲属可分别获得相当于7个月和9个月的救济金。

到1996年年底，河北省加入失业保险的劳动者人数约463.2万人，占应加入总数的90.8%。其中，国有企业几乎全数参保，而集体所有制企业也达到了72.6%。但失业保险费征收情况却要看各企业的实际经营状况。亏损经营的企业由于要优先保证劳动者工资的发放，经常会出现滞纳失业保险费的情况。1996年，河北省共征收失业保险费2亿元，其中60%以上的资金直接用于补助失业劳动者和其家属。

按照河北省的相关规定，张瓷公司向张家市失业保险管理机关上交了劳动者工资总额的1%。到现在，失业保险和养老保险被统称为社会保险。其支出情况如表6-4所示。

6.1.5 文化娱乐设施

企业为劳动者设置文化娱乐设施的传统始于20世纪50年代。1950年6月发布的《中华人民共和国工会法》规定企业必须确保相当于劳动者工资总额2%的工会经费，并将其中的1.5%用于劳动者的文化教育。以此规定为依据，文化娱乐设施就成了劳动者福利保险的重要组成部分。设施主要包括劳动者俱乐部、文化室、图书室和体育馆（室）等。但随着现代企业的改革，文化娱乐设施的运营方式也发生了变化。

张瓷公司与总公司合作开设了劳动者文化室和活动室。文化室里配备有电视设备，劳动者可免费使用。而平常主要是一些住在单身宿舍的单身劳动者利用文化室的电视。由于电视室设在单身宿舍内，有时会对周围的其他居住者造成一定的影响。随着企业生产的扩大，单身宿舍入住者增多，为了丰富单身劳动者的生活，加强对电视室的运营管理，张瓷公司于1997年5月31日出台了《电视室管理规定》。规定"电视室的开放时间为19：00～22：00，使用时要爱护电视室内的公共物品，将电视音量调节到适当大小，不得发出巨大的响动和引起骚乱，保持电视室的清洁卫生，禁止乱扔垃圾，电视室内禁止吸烟。每天的值班人员要负起监督和打扫的责任，关闭电视室前确保已拔掉电源，关闭好门窗后将钥匙交还给管理人员"。

根据规定，劳动者还是可以一如既往地免费使用电视室，但必须遵守爱护电视室内的公共物品，不得发出巨大的响动和引起骚乱，保持电视室的清洁卫生，禁止乱扔垃圾，在电视室内禁止吸烟等规则。而且还规定从利用者中指派值班人员负起监督和打扫的责任。以前，电视室被认为是劳动者的福利保健设施、企业生产经营的一个环节，其管理和打扫工作都是由总务室指派专门人员进行的。但是，随着市场经济体制的不断深化，企业为了增产和盈利不得不削减其他活动经费。电视室等福利保健设施渐渐从企业的生产中剥离出来，采取由利用者担当管理者等方法，改变了其旧有的运营管理模式。

活动室内配备有桌球和乒乓球设备，由总公司的工会担任其管理工作。劳动者可随时使用桌球室和乒乓球室，但会根据使用时间进行收费。以1998年为例，桌球室和乒乓球室的收费标准为1元/小时，约为市场价格的20%。这样一来，由于可以利用收取的活动室使用费来维持设施的运营，大大降低了企业方面的补助负担。活动室收费始于1995年，这体现了经营者将福利保健设施从企业的生产中剥离出来，但又通过以低廉的价格提供给劳动者以达到确保劳动者福利，减轻企业负担的想法。

6.1.6 企业福利保健的变化

1992年后半期，张瓷公司刚成立，所有福利保健设施皆受总公司的影响，即由企业全面负担劳动者的福利。但随着企业改革的步伐，企业对劳动者福利的认识也发生了变化。总的来说，张瓷公司福利保健政策有以下几点变化。

第一，福利保健与企业生产经营相分离。1995年，总公司制定了包括张瓷公司在内的子公司也适用的《关于公司住宅的管理和房租的规定》，接着在1996年又相继制定了《关于入住公司住宅和单身宿舍劳动者的暖气费发放规定》和《关于入住公司住宅劳动者及其家属的暖气使用费规定》。虽然还是由企业主持修建公司住宅、进行管理、冬季供暖等工作，但同时又采取由劳动者负担一部分修建费用，增加房租，征收暖气使用费等措施，让福利设施的使用者——公司劳动者也负起维持设施管理费用的责任。1997年，公司食堂开始采取单独核算制度，虽不追求盈利，但也维持财政不出现赤字的经营状况。对保育设施、文化娱乐等设施，也一改原有的企业全面负担的局面，向着独立运营的方向进行了制度上的改革。这些政策在分离福利保健设施与企业生产经营，解放企业的福利保健重任方面无疑发挥了极其重要的作用。

第二，对福利保健的使用实施收费化管理。1995年，张瓷公司制定《单身宿舍管理制度》，规定劳动者入住单身宿舍前须交纳100元押金并在入住后每月交纳5元的房租，劳动者亲属和朋友来访时可使用亲友招待室，但须交纳每人每天2元的费用。此外，公司的保育设施虽然低于市场价格，但80%的费用都要由孩子的父母承担。而且1995年起，公司开始对桌球室和乒乓球室实行收费化管理，费用为每小时1元人民币。可以看到，随着企业经营管理的改革，张瓷公司福利保健设施的运营方式也发生了变化，从原有的免费使用变为收费管理。福利设施的收费初露了企业福利保健也市场化的痕迹。

第三，完善了社会保险制度。各种社会保险制度的相继确立以后，1994年起，张瓷公司又开始实施劳动者养老保险制度和失业保险制度。1995年，公司制定了《关于劳动者生病、结婚、生产、探亲等假期的修正意见》，规定劳动者病假期间的工资发放标准为1天4元，婚假、产假和探亲假期间的工资发放标准为1天6元。此外，随着医疗保险制度的确立，张瓷公司于1995年制定了《劳动者医疗及医疗费用管理条例（试行）》，确立以公司医务室为中心的劳动者医疗管理体系。各种保险制度因市场经济体制的不断深化而日益显现出其重要作用，并且随着企业改革的进程不断完善和制度化。

6.2 安全卫生

工作场所的安全卫生管理是劳务管理最基本的组成部分，它能让劳动者免病免灾，并且使企业达到最大限度活用人才的目的。在中国，根据具体的工作内容和劳动条件，企业必须为劳动者派发相应的防护用品和保健食品。这作为防止工伤的一项措施促进了工伤保险制度的实施。

6.2.1 劳动保护

劳动中的安全卫生历来受到各企业的重视。为了保持劳动者的身体健康，企业必须根据具体的工作内容和劳动条件定期为劳动者派发相应的防护用品。1963年9月18日，劳动部公布试行《国营企业职工个人防护用品发放标准》（以下简称《标准》）。规定应根据实际的劳动条件，在必要的场合发放能够保障劳动者安全健康的防护用品，所有职业及工种都应该视实际的劳动条件制定发放防护用品的标准。标准中设定了防护服、防寒服、防护手套、防护靴、防护帽、防护口罩和救生索等用品的发放范围，并详细规定了矿山、石油、电力、制造、粮食、教育、科学研究等各种不同职业及工种的发放标准。

此外，标准还注明各地方政府可根据该地区的实际情况制定补充规定。1963年7月19日，国务院与劳动部等联合制定了《实行保健食品制度的联合通知》，确立了为从事有毒、高温、潜水等工作的劳动者配发肉、鸡蛋、牛奶、砂糖、鱼等营养食品的食品保健制度。自此以后，防护用品和保健食品的发放开始在全国各行业间普及开来。但是由于1966年至1978年的"文化大革命"，企业劳动保护政策的实施受到影响，多数制度曾被迫中断实行。

改革开放以来，企业的安全卫生管理状况有了大幅度的提高。1978年12月21日，中共中央发出《关于认真做好劳动保护工作的通知》，下令各企业在恢复生产的同时，也应加强对劳动者的劳动保护工作的管理。1984年10月19日，劳动人事部等部门在1963年公布的《标准》的基础上制定并发布了《关于改革职工个人劳动防护用品发放标准和管理制度的通知》，强化了劳动保护管理体制。

张家市所属的河北省也根据1963年劳动部的标准，1964年9月15日，制定了河北省企业职工个人防护用品发放标准的规定，规定了河北省的实施标准。1984年11月14日，根据劳动部的通知，河北省劳动人事局等部门又发布了《关于改革职工个人劳动防护用品发放标准和管理制度的通知》，强化了防护用品的发放管理体制。之后又从1985年10月1日起实施《河北省厂矿企业劳动安全卫生条例（试行）》。《条例》由10章45条构成。规定各企业应每年制定安全卫生管理计划和目标，成立专用基金并派遣专门人员从事安全卫生管理的工作。在引进新产品和新设备时，必须对劳动者进行安全卫生的相关训练，同时配备必要的安全卫生管理设备。此外，明确规定了检查监督部门的责任和权限及对企业的奖惩标准，加强了行政部门的监督功能。

张瓷公司按照国家劳动安全卫生管理标准根据工种为劳动者派发了防护服、防寒服、防护手套、防护口罩等防护用品。张瓷公司的生产过程中以模制部门的下水道清扫和机械铸造最为艰苦，考虑到其特殊性，为确保劳动者的安全卫生，张瓷公司于1996年5月30日制定了《发放防护用品的补充规定》，决定除从1996年6月起实行的标准外，另加发放特殊口罩和操作用防护镜。并规定："各部门负责人在领取发放的防护用品时，须先提交当月的出勤名单，经生产部审查后即可从保管员处领取发放品。每月将为模制部门的

变革的内在动力——社会转型中的企业劳动关系分析

下水道清扫员发放两个特殊口罩。每两个月为模制部门发放一个操作用防护镜。防护用品由部门负责人集中保管,工作必要时可借出使用。因特殊情况需追加防护用品时,应先向部门负责人提出申请,经生产部审查、经理同意后即可领取。"

该补充规定是张瓷公司考虑到制陶生产的特殊性及劳动者的操作条件,在经营者会议上决定通过的追加措施。在其中除了对下水道清扫和机械铸造的用具补发,还规定如因特殊情况需追加防护用品时,应先向部门负责人提出申请,经生产部负责人审查、经理同意后才可领取。明确了按劳动条件发放防护用品的原则。在企业自主经营的背景下,防护用品发放也朝着自主化、制度化方向发展。

企业按季节和节假日给劳动者发放保健食品。如每年夏天发放砂糖和茶叶等食品。以1997年为例,张瓷公司为全体职工每人发放了2.5公斤砂糖和0.5公斤茶叶。有时会在年终时向劳动者发放现金代替保健食品。1997年正月(农历),张瓷公司向每个劳动者发放了约200元的现金。当然,现金的金额多少由当年的经营状况决定。这也表现出企业的经营状况会直接影响到劳动者的劳动条件这一事实。

6.2.2 工伤保险

中国的工伤保险始于20世纪50年代。1951年,中国政府发布《中华人民共和国劳动保险条例》,正式在全国范围内推广劳动保险制度的实施。当时的制度虽在全国范围内进行了推广,但由于企业所有形式的不同和地区的差异,没能适用于所有的劳动者。劳动保险条例规定了劳动者在工作中的受伤、死亡被鉴定为工伤时,所应该获得的医疗费补助(医疗费、药费、住院费、治疗所花路费等费用由企业全额负担)、接受治疗期间的工资(原工资的100%)、因此残疾时今后的生活补助和看护费用、致死时亲属可得的补助金等。

1957年2月,卫生部颁布了《职业病范围和职业病患者处理办法的规定》,列出了14种职业病名单,并对工伤保险制度适用于职业病患者做出了指示。截至1987年年底,共认定99种疾病为职业病。1992年,劳动部颁布试行了《职工工伤与职业病致残程度鉴定标准》,根据致残和需要看护的程度,将残疾分为10个等级。这样一来,工伤致残的鉴定及待遇规定就有了一

6 劳动者福利转型

个更加客观、明确的标准。

进入20世纪90年代以后,随着市场经济体制的实施,工伤保险制度也发生着变化。各企业一改以往由企业一方承担的做法,开始向所在地区的社会保险机构交纳一定数量的保险费,将劳动者的工伤保险交由社会保险机构负责。当然,地域不同制度和保险金额也大相径庭。在改革试验地四川省内江市,各企业按工作种类被分为4类,以区分所须交纳的保险金。第一类为矿山业,第二类为建筑业、交通运输业、重工业、机械制造、电力企业,第三类为轻工业、食品加工业、邮电通信业、农业、林业,第四类为商业、贸易、金融等服务业,这四种行业所须交纳的保险金额分别为前一年工资总额的2.0%、1.0%、0.8%和0.4%。而且两年一次根据各企业安全卫生管理的实际来调整保险金的比率。在辽宁省铁岭市,市区内的企业被按照工作种类分为矿山业、交通运输业、建筑业、商业、食品业和其他六类,所须交纳的保险金额分别为前一年工资总额的3.3%、2.1%、1.1%、1.0%、0.9%和0.5%。

张瓷公司所在的河北省,根据1978年6月2日国务院发布的《关于工人退休、退职的暂行办法》,结合河北省的实际情况出台了处理意见。劳动者工伤致残且完全丧失了劳动能力,该劳动者无论年龄大小皆可退休。劳动者工伤退休且日常生活需要人护理时,每月可领取相当于退休时本人工资90%的退休金;其他情况者企业可根据具体状况支付一定数额的看护补助。对日常生活不需人护理的退休人员,每月可支付相当于退休时本人工资80%的退休金。此外,处理意见还规定了退休金的最低标准,如每月退休金低于35元的一律按35元(1978年的标准)支付。

1988年10月1日,河北省劳动人事厅和财政厅发布了关于国营企业职工工伤致死后遗属困难补助标准的通知,规定对劳动者遗属除了发放《劳动保险条例》所规定的补助金以外,在其生活困难时,企业应支付适当的困难补助金。遗属如居住在大城市,条例规定的补助金加上企业发放的困难补助金总额不得低于45元;如居住在小城市,不得低于40元;如居住在农村,总额可稍微低于城市标准,具体可由企业自行决定。

1990年11月13日,河北省政府发布《河北省实施全民所有制企业临时工管理暂行规定细则》,规定对雇用期在一年以内的临时工,企业在劳动者上岗前必须进行3级的安全教育培训。雇用期间如发生工伤事件,在合同期满后，企业应根据工伤程度向该劳动者一次性支付3个月至12个月的工资。1990年4月6日，河北省总工会发布河北省工会劳动保护的监督检查责任制，要求各级工会参与劳动者工伤预防和处理工作、保持监督检查责任感，同时还号召各级工会要以坚守劳动者利益为目的，加强了对工伤事故的管理。

河北省自20世纪90年代以后，随着社会保障制度的改革步伐，工伤保险制度也逐步形成。到1995年，也还没有正式确立统一的制度，劳动者工伤处理也主要是在各企业内实施。1996年年底，河北省开始在101个、占总数73%的县和市里试行工伤保险制度。在这样的社会背景下，随着短期合同工的增加，张瓷公司于1995年7月15日制定了《关于短期合同工工伤的暂行规定》，加强了对劳动者工伤事故的管理。

张瓷公司的暂行规定针对劳动者工伤做出了以下规定。"从事一般业务或处理公司及出资者下达的临时业务致伤，紧急情况下虽没有来自公司及出资者的指示但从事对公司有益的工作致伤，非是在违反操作规定的情况下受伤皆可被认为是工伤，受伤劳动者可享受工伤待遇。工伤事故在经医疗机构诊断后，必须在24小时以内上报公司，报告时需提交当事人说明、现场目击者证言、所属部门的证明，报告后经生产部调查确认后即可承认工伤事实。"

针对工伤待遇规定："因工伤导致无法工作的情况，第一个月的医疗费用由公司全额报销并可领取当月的全额工资；第二个月的医疗费用公司可予报销一半，只给发放半月工资；超过两个月还无法回归工作岗位时，应接受劳动安全部门的鉴定，由公司一次性付清医疗费用和生活补助并解除劳动合同。"

张瓷公司该暂行规定与以往的制度不同，第一，会在发生工伤事故后为受伤劳动者设定治疗期。避免了长期治疗负担，使企业能够将精力投放到生产经营上。第二，工伤的福利保障与企业分离，向社会保障机构靠拢。超过两个月还无法回归工作岗位时，企业将依靠劳动安全部门，接受其鉴定并给予劳动者一次性补助保障，使工伤处理更多地移交给社会保障机构。可以说这些变化都是与正在深化的市场经济体制的发展方向是一致的。

6.2.3 女性劳动者的劳动保护

中国自1978年改革开放以来，经济和整个社会急速发展，随之而来的是越来越多的女性加入到生产劳动者的队伍中。到1978年年底，女性劳动者数达到3128万人，占劳动者总数的32.9%；到1996年年底女性劳动者数达到

5745万人，占到了劳动者总数的38.7%①。20世纪70年代末期，河北省的女性劳动者约有54万人，占劳动者总数的24.5%，到1996年年底女性劳动者的队伍已壮大到256万人，占到劳动者总数的36.7%之多②。

1. 女性劳动者的劳动保护

正如数据显示的那样，在中国产业构造中女性劳动者作为劳动力资源占据了极其重要的位置。为了使女性劳动者能够安心投入社会生产中，除了强调男女平等外，还应该根据女性的身体、精神特征，制定保护女性特殊利益的举措。按照这个精神，迄今为止，中国宪法一直宣扬男女平等原则。例如1982年第五次全国人民代表大会第五次会议中通过的宪法第48条就明确规定："女性在政治、经济、文化、社会及家族生活等方面与男性拥有同等权力。"此外，政府还通过了多部法规对女性劳动者的产假、福利、卫生设施及特殊保护方面做出了规定。

1953年，国务院（当时的政务院）修正公布的《中华人民共和国劳动保险条例》中就对女性劳动者的"四期"进行了保护性规定。即月经期不得让女性劳动者从事重体力劳动和野外作业；怀孕期不得让其从事夜间及长时间劳动；生产期必须给予一定的休假；哺乳期不得让其从事有毒有害工作。之后，1955年国务院发布《关于女工作人员生产假期的通知》，将女性劳动者的产假定为56天。除了上述的法律外，1956年国务院公布的《工厂安全卫生规则》中也规定工厂的附属生产设施中必须设置"女性保健室"。劳动部（现人力资源和社会保障部）于1956年发布《关于装卸、搬运工作劳动条件的规定》，规定女性劳动者及年龄在16岁以上不满18岁的未成年劳动者一人所搬运的货重不得超过25千克，两人搬运的货重不得超过50千克。农业部于1979年发布的《国营农场工作条例》中规定必须给月经期和妊娠期中的女性劳动者安排合适的工作。

1986年，卫生部和劳动部等联合通过了关于女性劳动者保护事业的临时规则（试行方案），其中根据女性生理特征和职业特征，采取预防为主的方针，特别是对月经期、婚前、孕前、孕中、产后、更年期的女性劳动者的保护措施做出了详细规定。1988年7月2日，国务院公布了女性劳动者劳动保

---

① 国家统计局，劳动部编，《中国劳动统计年鉴1997》，中国统计出版社，1997，第23页。
② 河北省人民政府，《河北省经济年鉴1997》，中国统计出版社，1997，第357页。

护规定。这个规定可以说是在总结了以往的保护女性劳动者的经验和教训的基础上所制定的综合性女性劳动者保护法规。按照该法规,企业不得无理拒雇女性劳动者,不得在女性劳动者妊娠期、生产期、哺乳期扣除女性劳动者的工资或解除劳动合同;一般情况下,女性劳动者的产假为90天,难产可增加15天。如女性劳动者带有未满一岁的婴幼儿,可从工作时间抽取两次哺乳时间(包括人工哺乳),一次30分钟;如女性劳动者生育多胞胎需向多个孩子哺乳,哺乳时间可增加30分钟。如女性劳动者应享受的"四期"劳动保护和权益遭到侵害时,有权向就职单位的主管部门或地区劳动部门提出起诉,受理该起诉的部门在从受理上诉书之日算起的30天以内必须处理该案件。

在这样保护女性劳动者权益的历史前提下,《劳动法》于1995年1月1日开始实施。《劳动法》中多项条款与女性劳动者利益相关。如第58条规定"国家必须对女性劳动者和未成年劳动者实施特殊劳动保护";第59条规定"不得让女性从事矿井劳动、国家规定的第四级体力劳动和其他禁忌劳动";第61条规定"不得让妊娠期中的女性从事国家规定的第三级体力劳动和其他禁止怀孕女性从事的工作;不得延长怀孕7个月以上的女性劳动者的劳动时间并且不得让其从事夜间劳动";第63条规定"不得让正在养育未满一周岁婴幼儿的女性从事国家规定的第三级体力劳动及其他禁止哺乳期女性从事的工作,并且不得延长其劳动时间或让其从事夜间工作"。

可以看到,随着经济的发展,中国女性劳动者权益的保护规定也在逐步完善。此外,作为女性劳动者权益保护的一环的企业劳动者生育保险制度正处于试行阶段,并在全国范围内朝着正式确立的方向迈进。

2. 劳动者的生育保险

中国的企业劳动者生育保险制度始于20世纪50年代。在1951年公布的《中华人民共和国劳动保险条例》中对女性劳动者生育保险待遇中的产假、产假中工资、检查分娩费用等事项就做出了详细规定。因20世纪70年代的劳动者免费医疗制度,女性劳动者生育的相关费用实质上都是由各企业承担。

1978年改革开放后,随着各种社会保障制度的确立,生育保险制度也逐渐成型。1994年12月14日,劳动部发布《企业职工生育保险试行办法》,规定在各地成立生育保险基金,把女性劳动者的生育保险从企业分离出来交由专门的生育保险管理机构进行管理。

全国的企业及其劳动者皆为女性劳动者生育保险制度的适用者。由企业

6 劳动者福利转型

上交一定比率的劳动者工资总额成立生育保险基金,该比率由所在地政府根据生育人数及生育医疗费等情况进行制定,但上限不得超过工资总额的1%。生育保险待遇方面,规定检查、分娩、手术、住院、医药费或因生育产生疾病时,其医疗费用皆从医疗保险基金中支出,超出规定项目如使用营养剂产生的费用由劳动者本人承担。女性劳动者的产假为90天,但难产或生育多胞胎(多一人多15天)时,可延长15天;产假中的工资由所属企业根据前一年的平均工资,从生育保险基金中按100%的比例进行支付。

企业女性劳动者的生育保险制度尚处于试验阶段。在河北省,到1996年年底,开始在101个县和市试行女性劳动者生育保险制度。参加的县、市占河北省县、市总数的73%。现今的河北省没有统一的生育保险制度,女性劳动者生育的相关保护主要以各企业为中心。

3. 张瓷公司的女性劳动者劳动保护

位于河北省张家市的张瓷公司,由于生产陶瓷器的关系,女性劳动者的比例相对较高。1996年年底,女性劳动者有64人,占劳动者总数(147人)的43.5%。正是由于这个现状,女性劳动者的劳动保护问题成了张瓷公司工作的重中之重。

大量雇用女性劳动者当然有从事制陶生产的特殊性,但用张瓷公司管理者的话来说,公司除了个别岗位,十分欢迎女性劳动者的就职。事实上,从男女比例来看,张瓷公司确实称得上积极雇用女性劳动者的典范。除了劳动者本人的意愿外,公司没有解雇过处于妊娠期、生产期、哺乳期的女性劳动者。而且也按照法律规定实行90天以上的产假休息。比如劳动者张某,1991年从专科学校的机械工学专业毕业后就职于总公司的特殊材料公司,1993年调到张瓷公司担任设备维护管理的工作。1995年9月结婚,休婚假15天(1995年9月张某共休假21天),1996年8月因生育开始休产假。考虑到公司的生产状况和本人的意愿,张某共取得从1996年8月至1997年1月合计165天(1997年1月只休了12天)的产假。对其他女性劳动者进行的调查显示都享受了规定的产假休息,张瓷公司的产假实施确实按照规定在进行。

另一方面,《劳动法》还规定不得减少处于妊娠期中、生产期中和哺乳期中的女性劳动者的基本工资。张瓷公司对处于妊娠期中和哺乳期中的女性劳动者工资采取不更改的原则,产假中的女性劳动者工资有所变化。1995年8

月开始实施的《关于劳动者生病、结婚、生产、探亲等假期的修正意见》中规定:"病假期间可获得一天4元的补助;因结婚、生产、葬礼、探亲(年假)休假期间可获得一天6元的补助。"虽然说产假期间可领取100%的基本工资,但事实上金额还不到上班时(1995年张瓷公司劳动者平均月收入为378.25元)的一半。而且在张瓷公司,女劳动者的工作几乎都是以半成品的修补、装饰、检查、包装等为主的中、轻度体力劳动,因此张瓷公司并没有采取在女性处于"四期"时更换其工作的应对措施。就调查的现阶段为止,张瓷公司没能很好地对女性"四期"实施劳动保护。此外,《女性劳动者劳动保护规定》中规定"如女性劳动者带有未满一岁的婴幼儿,可从工作时间抽取两次哺乳时间(包括人工哺乳),一次30分钟"。针对这条规定,张瓷公司的女劳动者分成了两种情况。管理职务等不受产量约束的女劳动者从工作时间中抽取了哺乳时间。但位于生产前线的女劳动者由于产量与工资挂钩,虽能从工作时间中抽取时间哺乳,但肯定会影响个人产量,而且公司也没有此种情况的应对方法,可以说实质上没能享受哺乳时间。

6.3 劳动者对企业福利的认识

张瓷公司的劳动者及管理人员都十分关注公司的福利保健和安全卫生政策。1997年的问卷调查中,对"您是否关心企业的福利保健措施"一问,高达93.4%的受访者给出了"关心"的回答。此外,还有87.7%的人回答说关心工作环境的改善状况。因此,可以说张瓷公司的劳动者及管理人员都十分关注公司的福利保健和安全卫生政策,并期待有更一进步的改善。

对"您是否对公司的福利保健现状感到满足"和"您是否对工作环境的现状感到满足"两个问题,其回答如表6-5所示。

对公司的福利保健制度整体上有9.4%感到"满足",但"不满"的高达76.4%。从工作岗位上来看,以经营管理者、专业技术人员和前线工作人员感到不满的居多,值得注意的是,回答"满意"的专业技术人员一位都没有。在中国,随着市场经济体制的实施,现阶段企业的福利保健制度正在逐步的改革中。另一方面,由于以新的社会保障为主的福利保健制度还没有确立起来,各企业根据自家的生产经营状况,有时会疏忽了劳动者的福利。这样的现状可能也是有如此多的劳动者对公司现行福利政策感到不满的原因之一。

6 劳动者福利转型

表 6-5　对福利保健待遇和工作环境是否满意

属性1	属性2	人数	福利保健（%）				工作环境（%）			
			满意	都说不上	不满	不知道	满意	都说不上	不满	不知道
全体	全体	106	9.4	13.2	76.4	0.9	32.1	12.3	52.8	2.8
性别	男	62	4.8	14.5	79.0	1.6	30.6	16.1	50.0	3.2
	女	44	15.9	11.4	72.7	0.0	34.1	6.8	56.8	2.3
工作岗位	经营管理者	13	7.7	7.7	76.9	7.7	38.5	23.1	30.8	7.7
	专业技术人员	14	0.0	21.4	78.6	0.0	57.1	14.3	28.6	0.0
	前线工作人员	66	7.6	13.6	78.8	0.0	22.7	9.1	65.2	3.0
	辅助人员	11	36.4	9.1	54.4	0.0	54.5	9.1	36.4	0.0
	工种不确定人员	2	0.0	0.0	100	0.0	0.0	50.0	50.0	0.0

资料来源：根据1997年的问卷调查制成。

对工作环境，有32.1%的人感到"满意"，52.8%的人回答感到"不满"，感到不满的比例略微偏高。从工作岗位上看，前线工作人员感到不满的比例最高，几乎达到其他岗位的2倍以上，高达65.2%。制陶生产的特点是多粉尘，这可能也影响了前线工作人员的回答。

从1999年7月的访问调查中可以得出劳动者和管理人员的以下意见。

第一，对"您对福利保健措施（住房补助、单身宿舍、食堂、澡堂、托儿所、探亲制度、医疗和医疗费补助）有什么看法"一问，得到劳动者们的以下意见："我们公司的住房分配有优先管理层和技术人员的倾向。单身宿舍倒是有，但缺乏管理。现在，食堂和澡堂正在改进中，托儿所保持现状就可以了。但是，尤其希望多多改进医疗补助制度（李某，男，29岁，1997年4月进入公司，生产部品质管理）"、"现行的福利保健制度还是以往的制度，有的部分倒是可以继续实施，但有必要根据企业的经营状况作一个整体的调整（任某，男，63岁，1997年5月进入公司，总经理顾问）"、"我认为福利制度还不健全。特别是探亲补助制度和医疗费补助制度，几乎没有实施。希望这些制度能得到全面实施（张某，男，24岁，1997年进入公司，机械维修）"、"希望加大对食堂的管理力度。探亲补助制度和医疗费补助制度，几乎没有实施。希望在这些方面进行改善（师某，男，28岁，1992年10月进入公司，生产部副部长兼模制部现场部长）"、"住房方面我非常满意。但希望强化对单身宿舍和食堂的管理，更加重视劳动者的日常生活方面。企业效益好的话，有必要全面改善医疗费补助制度的实施状况（刘某，女，45岁，1993年5月进入公司，财务部兼生产部品质管理）"、"福利保健制度的实施状况由企业的经营状况所决定。希望通过加强对企业经营的管理，通过增加收益，实现劳动者福利（长某，男，48岁，1993年进入公司，党支部书记）"。从上述意见中我们可以看到，劳动者希望全面恢复医疗费补助制度的愿望。

第二，对"对养老保险和失业保险您有什么看法"一问，李氏道出了企业养老保险的现状，"不太清楚个人的事情，但现今国有企业的养老保险尚处于试验阶段，还没有正式实施。根据企业的经营状况，有时甚至连工资都无法正常发放。所以将来的养老保险担心是担心，但想都不敢想"。潘某（女，32岁，1993年进入公司，生产部技术管理）和长某则各自回答："应考虑劳动者的个人利益，按照国家的规定实施养老保险制度和发放防护用品"、"政府为各种福利保健制度制定了规定和条例。企业也应该根据经营状况，逐步健全福利保健制度"，对养老保险的实施方面阐述了自己的看法。

第三，对于"您对防护用品有什么看法"的设问，张某希望企业能定期发放防护用品。"应该按照劳动法的规定，定期发放防护用品。但现实情况是只发放了工作必需的简单防护用具（手套等），希望这方面的情况能得到改善。"

此外，烧结部的前线工作人员袁某（男，22岁，1998年8月进入公司）的回答揭示了劳动防护用品的发放现状。"烧结现场的工作环境不仅高温围绕，还多粉尘。以前除了操作手套外，还会发放毛巾、工作靴、香皂等防护用品。但从去年后半年开始，操作手套以外的防护用具就不能持续供应，有时甚至没有。节约企业的生产成本当然很重要，但劳动者的健康更重要。希望公司能尽快改进这种状况。"

第四，在被问到"您对工作环境（温度、湿度、照明、空气的清新、舒适等）的看法"时，劳动者们提出了很多意见，尤其希望能解决多粉尘的问题。"烧结过程粉尘过多，如资金富余的话，希望能提出解决办法（任某）"、"现场温度高和粉尘多是陶瓷器生产现场的特点。但希望公司能尽可能地重视劳动者的身体健康（潘某）"、"工作环境恶劣是制陶业的特征，也是无法改变的事实。但希望公司能引进能减少粉尘的装备（师某）"、"我认为公司应竭尽全力改善工作环境（刘某）"。

6 劳动者福利转型

张瓷公司的福利保健政策由于旧有制度的废除,新制度有时又受到公司经营状况的影响没能完全实施。对于这种现状,劳动者和管理人员都希望公司能全面实施医疗费补助制度。此外,因经营状况的关系,有时出现的防护用品供应被中断的情况,劳动者们也希望能得到改善。在这个企业改革的过渡阶段,福利保健和安全卫生政策发生着日新月异的变化,作为一个企业绝不应该只顾生产效率,而是要从劳动者的立场出发,逐步完善各种相关制度。

6.4 小结

张瓷公司一边在旧有的福利保健、安全卫生制度上进行修改,一边正逐步建立起新的保障制度,考察其整体变化可从中看出以下特征。

第一,企业经营与福利保健相分离。随着社会保障制度的实施,至今一直由企业负担的医疗费补助、退休人员的生活保障等项目逐渐从企业的生产经营中剥离开来,成为社会行政服务唱主角的社会性医疗保险制度、失业保险制度和养老保险制度。此外,公司住宅、食堂、托儿所、娱乐设施等福利设施也从企业的生产经营中独立出来,一边继续发挥着福利设施的作用,一边通过收费制等运营方式,逐渐向让受益者承担其费用的方向转变。这些变化反映出人们对福利保健产生了与以往不同的认识,也反映出企业福利保健这一领域也正朝着适应市场经济体制的方向(制度化)前进。

第二,强化了安全卫生管理。张瓷公司按照行政部门安全卫生管理规定及条例,根据公司制陶生产的特征及工作内容,向劳动者发放工作服、防护手套、口罩、眼镜等劳动防护用具。公司还在兼顾企业和劳动者双方权益的基础上制定了本公司适用的工伤处理规定。此外,公司虽对女劳动者的工作分配和怀孕生产期的应对有欠考虑,但也制定了一定的优待措施。可以看出,张瓷公司的安全卫生管理工作正在不断完善,并朝着适应市场经济体制的方向前进。另一方面,随着企业自主经营制度的确立,安全卫生政策的实施直接受到了企业生产经营状况的影响,收益不好的时候,安全卫生的经费会被削减,有时甚至会停发肥皂等劳动防护用品,停滞改善工作环境的步伐。但是,可以预见在将来,企业的生产效率和劳动者的劳动生活将被等同视之,安全卫生管理的强化工作将变得越来越重要。

第三,劳动者的劳动生活得到了改善。从上述分析中可以看到,张瓷公司的福利保健、安全卫生政策随着市场经济体制的不断深化相应地发生着改变。但其共同点就是企业的收益能对其造成直接的影响，长期且安定的管理体系还没建立起来。换句话说，也就是企业偏向提高生产效率和企业收益，从改善劳动者劳动生活角度出发的方针政策还没有确立。企业的福利保健、安全卫生管理是让劳动者工作劳动的基本条件，舒适的工作环境不仅能提高劳动者的劳动积极性，还能对劳动者的整体生活带来极大的影响。所以，将谋求经济效益和劳动者劳动生活的改善问题放在同等重要的位置可以说是企业经营管理的重要课题。

7

劳动者工作意识的变迁

中国的改革开放经过农村改革、以国有企业为中心的城市改革，现在已经进入了一个以确立社会主义市场经济体制为核心内容的全面改革局面。在这样的社会背景下，很多企业，特别是能够自主生产经营的中小企业，为了适应市场经济体制而采取了各种各样的措施，对企业的经营管理进行了一系列的改革，为确立新的经营管理体制而不懈努力。

中国企业想要建立一个适应市场经济体制的经营管理制度至少要具备两个条件。即企业的组织构造和经营管理体制的改革，劳动者的价值意识以及建立在此基础上的实际行动的改变。回顾到目前为止所作的分析，在作为调查对象的张瓷公司，企业（即经营者）虽然也在不断地摸索方法，在雇用、培训、薪酬体系、福利等经营管理方面进行了各种各样的改革，但是效果不大，在大多数领域，其改革都没有被劳动者所接受。那么，为什么会发生这种情况呢？原因很多，其中企业的经营管理和劳动者的价值意识有分歧是一个重要的原因。下面将以张瓷公司的事例为基础来考察企业经营管理制度的变化和劳动者的意识。

7.1 经营管理制度的变化和劳动者意识

7.1.1 经营管理制度变化特点

从前面的分析我们可以看到，为了适应市场经济体制的变化，张瓷公司的经营者对企业的经营管理，特别是劳动人事管理尝试了各种改革措施，这些努力在企业收益的改善、劳动者收入的提高、劳动者劳动意识的改变等方面取得了一定的成效。

另一方面，除了应该给予好评的成果以外，张瓷公司所进行的劳动人事管理的改革和采取的各种措施也存在如下的影响：（1）企业将注意力集中于生产效率和收益的提高上，在稳定雇用、培训、福利等改善劳动者的劳动生活方面的努力还不够；（2）在企业的经营方针、劳动者的雇用、培训、新产品的开发、新技术的早期引入等方面无明确的长期规划，在经营管理方面欠缺计划性；（3）随着市场经济体制的确立和劳动力商品化的进展，企业更加强调劳动者作为劳动力的经济侧面，而忽视了劳动者作为生活中的人、社会上的人的人性侧面。

在企业劳动人事管理产生变化的同时，企业的主角——劳动者对于企业的认识也发生了变化，其共有价值意识特点如下。

7.1.2 劳动者的价值意识（劳动意识）

1. 对改善生活环境的重视

张瓷公司的劳动者十分期待可以通过工作改善生活环境，特别是收入、福利等物质方面的生活环境。

对于劳动者来说，工作是收入的来源、互相交流和自我成长的平台、为社会作出贡献的平台。1997年10月，在以张瓷公司的劳动者为对象实施的《与劳动者的职场生活和职场态度相关的调查》[①] 中，在工作的各种作用中回答"重要"的比例为：收入的来源为91%，交流的平台为67%，自我成长的平台为90%，为社会作出贡献的平台为71%，工作作为收入的来源这一作用是最受重视的。

1996年，以中国的国有企业、合资（中日）企业、日本独资企业中的中国劳动者为对象进行的《通过工作实现个人价值》[②] 的调查研究中，将劳动者的需求整理为"生存"、"关系"、"成长"三点，以此来调查劳动者的工作意识。结果是中国劳动者的需求与企业的组织形态和成立年限无关，基本上都集中在现实生活中的衣食住的安定、身心健康、时间上和经济上的富裕等与"生存"基础相关的内容上。

---

① 1997年10月，以张瓷公司的劳动者为对象由笔者进行的问卷调查。

② 该调查是1995年至1996年由日本流通经济大学日中企业文化比较研究会与中国社会科学院社会学研究所合作实施的，笔者参加了调查。该调查以中国的国有企业、合资企业（中日）、日本独资企业中的210名中国劳动者为对象。

7 劳动者工作意识的变迁

1999年7月在以张瓷公司的劳动者为对象进行的访谈调查中,就企业的福利待遇得到了如下意见:"福利待遇体制还不够健全,特别是劳动者基本上享受不到探亲补助制度和医疗费用补助制度,希望能够有所改善","劳动保护用品的发放应该遵循劳动法的规定,但是事实上,只给了我们工作必需品的手套等简单的防护用品,希望有所改善","虽说粉尘多是陶瓷器生产的特点,但还是希望企业能引进一些可以减少粉尘产生的机器设备"等。

从经济层面来看,生产效率和收益是企业生存的前提条件,给劳动者的收入等物质生活环境以直接的影响。但是,相对于企业这种以生产效率和收益为核心的经营方针,劳动者在收入的增加等物质方面的要求很强烈,也非常重视自己的生活环境和劳动条件的改善。企业的经营方针和劳动者的需求之间有很大的分歧。

2. 警惕劳动力的全面商品化

企业的劳动者有两个侧面,一是企业组织中的职业人或者说是作为劳动力的经济侧面,二是在地域社会中进行消费生活和家庭生活的生活方面的人、社会性的人,是人性的侧面。在中国,随着市场经济体制的确立,企业劳动力的商品化全面建立。这样的变化对于劳动者来说,可以扩大职业选择的自由度,但也给雇用的稳定性以很大影响,劳动者作为劳动力的经济侧面越来越被强调。与此相对,劳动者提出"我们与企业之间的关系不仅是劳动力的买卖关系,同时我们还是企业的主人",主张劳动者自己的主体性,希望自己作为人性的一面受到更多的重视。

1997年10月的调查选出了一些与企业的将来密切相关的项目,通过一系列的问题来求得劳动者对企业的关心。"你关心企业的投资、新产品新技术的开发、年销售生产计划、福利待遇的实施计划、收益吗",对这一问题,回答关心的劳动者中关心投资的占83%,回答新产品新技术开发的占92%,回答年销售生产计划的占91%,回答福利待遇实施计划的占93%,回答收益的占92%。由此可见,在张瓷公司,应由经营者考虑的有关企业未来的事情也受到了劳动者的极大关注。因此可以说,劳动者通过工作不仅想从企业获得生活来源,还十分关注企业将来的发展,有着作为企业主人公的自觉意识,强调自己作为劳动力这一经济侧面以外的人性侧面。

同时,如第一章所述,在1997年同一调查中,对于"你对雇用的稳定性满意吗"这一问题,回答"满意"的占39%,比起"不满意"的20%虽然高一些，但是只有不到40%的劳动者持满意态度，可以说不是一个很高的比例。在雇用方面虽然需要一定程度的竞争，但是从劳动者的劳动生活的立场来看，确保稳定的雇用环境是十分必要的。张瓷公司为了提高企业利益，适应生产状况，对劳动者的雇用进行了大幅调整。这样的政策是强调劳动者作为劳动力的经济侧面的结果，对雇用的满意度很低这一状况表明了劳动者的警惕性。

1988年，中国社会科学院社会学研究所的"企业劳动者工作积极性研究小组"以北京、上海、长春、广州、重庆、兰州等21个城市的47家国有企业的劳动者为对象，进行了大范围的调查。在这一调查研究中，回答"对于企业的浪费现象感到痛心"的劳动者比例上升到了96%，回答"完不成生产任务和质量指标的时候，自己心里都跟自己较劲"的劳动者占94%，由此得出的结论是劳动者作为企业主人公的意识较强。另外就自己和企业的关系，回答"成为企业的主人公"的只有22%，66%的劳动者感到的是"工作，赚工资"这样的劳动买卖的雇用关系。劳动者作为企业主人公的责任感与他们在企业中的实际地位之间有很大的落差。

总之，随着劳动力商品化的进展，企业逐渐重视劳动者作为劳动力的经济侧面，与此相对，劳动者的企业主人翁意识则逐渐增强，想要强调自己作为人性的一个侧面。重视人性侧面的意识有着一直以来社会主义体制的影响，儒家以人为本思想的影响也不容忽视。

3. 社会贡献的价值意识

中国劳动者不仅希望工作能够成为生活来源、交流平台、自我成长的平台，还希望能够通过工作实现对社会有所贡献的个人价值。

中国的产业社会是从半殖民地半封建社会发展起来的，1957年开始确立了社会主义计划经济体制，经过20多年的发展，到20世纪80年代有了新的变化，现在正逐渐向社会主义市场经济转变。可见，企业的所有制形式和经营体制虽然仍以国有企业的培养、发展和国有企业的民营化为核心，但是私有企业的消失与复活，乡镇企业和外资企业的发展也屡见不鲜。在这样的社会环境下，形成了不同于欧美和日本的中国劳动者特有的工作意识。

如前所述，回答"工作是为社会作出贡献的重要平台"的劳动者比例上升到了71%，三分之二以上的劳动者明确地持有为社会作贡献的价值意识。另外在1997年的问卷调查中，"为什么每天拼命工作呢"，通过这一问题可以

7 劳动者工作意识的变迁

看出张瓷公司劳动者的勤劳。就这一问题大多数的劳动者认为,既然活着就要努力做好自己的工作,为社会贡献自己的力量,这种见解属于贡献社会型(39%),还有想通过工作来充分发挥自己能力的能力发挥型(22%),希望自己的实力能够被承认所以才努力工作的出人头地型(20%),把工作作为生活手段的生活手段型(12%),不想给其他一起工作的人带来麻烦才努力工作的岗位联动型(4%)。这一调查结果可以说是很明确地显示出中国劳动者强烈的为社会作贡献的劳动意识。

可以说这样的社会贡献意识是建立在个人的社会需求被重视的基础之上的。

中国经济体制改革研究所在1985年以中国青年为核心调查对象进行了《青年的职业选择与生活态度》[①]调查研究,在这一研究中,人们在评价职业的时候,比起经济地位更重视职业社会地位,在选择自己的职业的时候优先考虑的不是经济地位,而是职业的社会地位的高低。另外研究还指出,人们第一要考虑的是"能否发挥自己的能力"、"有没有接受教育的机会"、"社会地位高不高"等能否满足自己的非经济性需求(个人的社会需求)。

中国的职场有集团主义的传统。若林等指出,这与日本式的"和"(和谐、一致)以及重视和谐的人际关系的风俗有所不同,是一种将集团、组织的目标置于个人目标之上的、集团各成员之间基本平等的信念之上的。Nevis[②]注意到中国人这种最为重视集团主义所代表的社会动机,将中国人的这种独特的动机命名为"通过奉献社会实现自我价值"。根据徐连仓(Xu,1987)[③]的调查,工资与奖金虽然也是十分重要的需求内容,但是为组织为国家的现代化作出贡献这种社会性需求构成了在组织中工作的中国人最为重要的劳动动机。

[①] 中国经济体制改革研究所,《青年的职业选择与生活态度》,《中国经济改革》,东洋经济新报社,1988,第121~140页。

[②] Nevis, E. C, 1983, Cultural assumptions and productivity: The United States and China. *Sloan management Review*, Sage, 第17-29页。

[③] Xu, L. C(徐连仓). 1987 Recent development in organizational psychology in China. In B. M. Bass and P. J. Drenthe (Eds.) Advances in organizational psychology: An international review. London : Sage, 242-251。

7.2 社会贡献的价值意识和人际关系

以中国人的"社会贡献"意识为基础,产业心理学、产业社会学领域都进行了广泛的研究。大多数研究都是围绕着劳动者的士气问题展开的。包括报酬分配上集体与个人的平衡分配,鼓励小团体活动以促进集团的生产力和工作士气等尝试。这种被当作士气问题的有关劳动者的社会贡献的价值意识对于劳动者来说,是与日常工作息息相关的重要侧面。但是这只不过是包括在具体的业务活动中的一些因素,是局限于工作范围内的。对于劳动者来说,"社会贡献"应该定位于整个生活之中,只有在整个生活中"贡献社会"才谈得上有意义。

7.2.1 通过人际关系贡献社会

劳动者的社会贡献价值意识表现在生活整体中的两个方面。一个是在工作上通过职场生活表现出来的社会贡献,另一个是通过家庭和地域生活的业余生活表现出来的社会贡献。对于这些社会贡献意识是否得以实现的确认主要是通过身边的人,或者工作上的人际关系、业余生活的人际关系来进行的。追求劳动者的人际关系可以说是实现社会贡献意识的一个重要手段。根据以往的调查研究可以发现劳动者对于人际关系的追求有以下几个特点:

第一,最为重视人际关系的倾向。1987 年中国社会科学院社会学研究所以中国 21 个城市的 47 家企业的 15472 名劳动者为对象进行了社会调查,以此调查为基础,石秀印指出,在调查的 82 种意愿中,与他人的团结和谐之意愿占据了第一位,可见劳动者是最重视人际关系的了。而且,在集体生活中,比起竞争,劳动者更重视人际关系,通过帮助他人来构建和谐的人际关系。

1997～1999 年以张瓷公司的劳动者为对象进行的参与观察调查活动中也发现了同样的特点。同一部门各个作业班之间有着激烈的竞争,而在作业班内部,各个成员最重视这个小团体的和谐(团结),避免过度竞争。"学历是铜牌、业绩是银牌、人际关系是金牌"这一流行语充分表明了重视人际关系的状况。

第二,通过工作以外的业余生活追求人际关系的倾向。在 1997 年对张瓷公司的劳动者进行的调查中,就工作与家庭的关系有 71% 的人认为"尽管很

7 劳动者工作意识的变迁

难,但还是希望能够顾全双方",就工作与休闲的关系,69%的人认为"工作和娱乐都很重要,哪一个我们都要竭尽全力去做"。另外,1996年香川真等对中国国有企业、中日合资企业、日本独资企业进行调查,研究发现劳动者中的7成认为工作和娱乐都是有人生价值的。所以,中国的劳动者当然会重视对于生活不可或缺的工作上的人际关系,但是对于工作以外的人际关系、家庭、朋友等也是十分重视的。工作的目的是生活,工作以外的闲暇生活也是人生不可缺少的、有着生活意义的。

从现实的日常生活中我们也可以发现这样的意识。在中国,双职工的情形处处可见。特别是年轻一代基本上都是这样。而且女性在生育之后,基本上还是会继续工作,所以不论男女,都很认真地为工作以外的地域社会作着贡献,照顾父母、帮助亲朋好友、照顾孩子、教育孩子、做家务等。这样的生活环境形成了男女共同认为工作以外的闲暇也是有着人生价值的意识。

第三,中国的人际关系依然受到重视地缘和血缘的社交习惯的影响。

正如许多研究人员指出的那样,中国社会网络的核心是家庭。同时,重视血缘的社交习惯依然存在。1997年对张瓷公司的劳动者进行的调查结果显示,当工作上有困难的时候,58%的劳动者会跟岗位上司和企业的经营者商量,当生活上有困难时,47%的劳动者会和家人、亲戚商量。另外据青井和夫[①]的调查结果可以知道,除了工作上的问题以外,有关恋爱、结婚、就业、医疗等问题,中国人基本上都倾向于与有血缘关系的人以及亲属商量。而中国的小家庭,特别是亲族之间的交往是与西方不同的。在西方,一般都是电话联系,过节时送张贺卡问候一下罢了,而在中国则是进行直接的、面对面的、精神上的交流,生活上也是经常相互扶持的。以亲族为核心重视血缘关系的社交习惯为劳动者提供了一个工作以外的社交平台。

此外,中国的家族制度也有所变化,以父系为主的亲族体制发生了改变。随着家族制度的改变,国家在保证女性享有与男性同等的继承权的同时,还规定了赡养父母的义务。嫁出去的女儿由此来联络与父母之间的感情。中国从20世纪50年代开始,至少从形式上、从制度上保证了已婚女性的持续就职(生育时休假,其后回到原来的工作岗位),并实施了男女雇用就业机会均

---

① 青井和夫编,《中国的产业化与地域生活》,东京大学出版社,1996。

等、报酬平等的政策。在这种女性地位有所保证、男女平等的家族关系下，女性一方的亲族网络和男性一方的亲族网络一样受到重视，这为劳动者提供了又一个社交平台。

所谓地缘包括出生地和居住地两方面。以前，在城市中出生地相同的人互相进行社交活动，同乡是都市里主要的社会网络。现在，这样的网络的力度衰弱，但影响依然存在。由此，劳动者的社交范围变广，交流对象也变得多种多样。另外就是对家族的居住地组织的依赖。换句话说就是与邻居的交流。青井和夫等（1996）在上海的调查显示，32%的人会与邻居"喝喝茶"、"聊聊天"，62%的人会与邻居"在生活上互相帮助"。在日常生活中，"远亲不如近邻"这样一种意识仍然有很大的影响。邻居之间的交流起到了家族的社会网络所不可替代的作用，扩大了人们的社交范围，增加了人们的交流对象。

中国人不仅通过工作，还通过亲族和地域网络等各种各样的社交平台来寻求人际关系的建立。

随着市场经济体制的确立，人际关系多少发生了一定的变化，如果从社交网络的整体状况来看，有关友情的心理和习俗成为一种习惯，"重利轻义"、"等价交换"这样的情况还没有成为朋友之间的主要原则。与友人的往来、交往、心理安慰等功能非但没有弱化，有时还得到强化。家族对工作组织和地缘组织的依赖逐渐减少，同时，所谓的在工作、地缘组织上的朋友之间的支持这种心理则在逐渐增强。

总之，中国的劳动者不仅寻求工作上的人际关系，还强烈地追求亲族、亲戚、朋友等地域社会的人际关系，通过从接触到的人获得的态度和评价来确认自己的存在，通过生活中广泛的人际关系来实现自己贡献社会的意愿。

7.2.2 社会贡献价值意识的背景

社会贡献价值意识的形成是有其历史背景的。中国人的多民族价值观和各地区的历史文化是其主要历史背景，它们对劳动者的价值意识产生了很大的影响。

多民族价值意识主要是指受到儒家、佛教和社会主义体制的影响而形成

7 劳动者工作意识的变迁

的意识形态。如戴园晨等①所指出的那样，与经济发展相关的传统儒家文化有：(1) 以"仁"为核心的人际关系基准；(2) 以"义"为核心的义气和功利的选择标准；(3) 以"诚信"为核心的伦理道德标准等。这种思想强调道德自律和独立的人格，主张通过诚实守信来获得和谐的人际关系，把善良、公正、奉献等精神作为社会发展的动力而加以重视。

新中国成立后，中国确立了计划经济体制。企业不仅具备生产功能、经济功能，同时还是劳动保险、福利、医疗、社会保险等这些国家的补助以及住宅的分配、消费产品分配的据点，劳动者被编入这样的"单位"之中。另外，在改革开放之前很长的一段时间里，从学校教育到企业生产的各个领域，把革命和生产、政治和经济、思想和实务等视为对立的概念，重视革命、政治、思想，把生产、经济、实务当作资产阶级的东西而轻视它、排斥它。在这种社会背景下，劳动者对于组织和集团的依赖程度增大，优先考虑集体和国家的利益，为集体作出贡献被视为模范精神而受到很高的评价。以上这种来源于社会主义体制的价值意识随着市场经济体制的引入而有所变化，但是其影响依然深远，成为劳动者贡献社会的价值意识的又一个基础。

地域特点的影响包括经济发展状况的影响和历史文化的影响。

由于将经济发展战略置于经济效果之上，中国自1978年开始的改革开放，将经济建设的重心转移到沿海地区，以广州、上海、大连为始，逐步开放沿海城市，以这些城市所拥有的资金、技术、人才、基础设施等为基础，引入外国资本和先进技术、管理方式，使这些沿海地区迅速发展起来。

为使这些地区原有的优越性得到更好地发挥、强化经济建设的宏观指导，相关部门根据经济技术水平、地理位置、资源分布状况等将中国分为东部、中部、西部三大经济区域。将东部的包括北京、上海、广东在内的12个省、自治区、直辖市定位为发达地区，把以吉林、河南为首的中部9个省、自治区划分为欠发达地区，把西部以四川、云南、西藏为首的9个省、自治区划为不发达地区。这种划分（东、中、西三个分区）虽然只是相对意义上的划分，但是可以说也确实反映了现在各省的经济发展水平。

不同的地域，居民的收入也大有不同。1993年中国社会科学院社会学研究所和北京大学社会学系等的研究人员就北京、上海、南京、广州、哈尔滨、

---

① 戴园晨、宋光茂，《传统文化的优势与劣势》，《哲学研究》，1994年第3期，1994。

成都、兰州 7 个城市的居民的收入情况进行了调查研究。根据调查结果,杨善华①指出,城市居民的收入总体上有所改善,但是不同地区的居民的收入差距加大,特别是沿海地区和内陆地区的差别尤其大。

众所周知,地区的经济发展状况会给当地的劳动力的工作意识以很大影响。如斋藤友里子②所指出的那样,人们的价值意识一方面受到市场经济渗入当地经济的程度这种宏观框架的影响,另一方面又受到日常劳动场所特点的影响。或者说,国有企业劳动者的价值意识在整体社会水平上受到政府设定的社会主义市场经济、社会主义市场经济渗入地区经济的程度、其所属企业的实际情况这三个层次上的约束和影响。在中国,地区经济发展水平在影响企业的组织构造和经营管理的同时,也给劳动者的价值意识以很大影响。

另外,在中国不同的地域有不同的生活习惯和语言,不同地区的历史和文化也不同。这种地区所特有的历史文化给劳动者的价值意识的形成以影响。中村则弘等在 1996 年对中国的私有经营者进行的调查研究中指出,地区文化的特点和地区传统给企业和私营经营者的形成以显著的影响。地区历史文化给经营者的价值意识以影响。以此为基础,可以推断出地区的历史文化给劳动者的价值意识也带来了一定的影响。再者,松户武彦(1996)等在对中国企业的劳动者进行的调查研究中指出,南北区域劳动者的价值意识的差别很大。

概言之,中国劳动者的社会贡献意识受到儒家、佛教、社会主义体制、地区的经济发展状况及地区历史文化等的影响,这种影响作用于包括经营者和劳动者在内的人们的意识和行动,今后还将继续影响下去。

7.3 今后的课题

第一,企业通过为地区社会作出贡献来满足劳动者的意愿。中国企业的改革是以"儒家"、"社会主义"、"市场经济"这三大机制体系为前提而进行

---

① 杨善华,《改革开放以来我国大都市居民的家庭收入构造的变化》,《中国社会科学》,1996,第 3 期。
② 斋藤友里子,《社会主义市场经济的深化和社会意识的变化——中国企业改革下的劳动者》,1995 年杜奈良大学社会学项目研究报告。

7 劳动者工作意识的变迁

的改革。

由于企业在"社会主义市场经济"这样的社会环境下进行生产经营活动，所以从企业今后的发展方向看，对于经营者和劳动者来说，有必要形成一个适应市场经济体制的价值意识。新的价值意识的形成由于受到历史和文化的影响，以人们一直以来所持有的意识形态为基础，所以有必要充分考虑劳动者的价值意识的特点，制定符合人们意愿的策略。

劳动者不仅是企业里的职工，还是地域社会生活和社会生活的人。因此，企业不仅应该关注经济效益，还应该通过地区环境的整备、地域文化的形成等对围绕着劳动者的地区社会作出的贡献来使劳动者为其作为企业一员而感到骄傲，满足劳动者贡献社会的意愿。另外，不仅应该努力提高劳动者的劳动意愿，还应该把就职于企业的全体人员的生活整体放入视野。提高劳动者对生活的积极性，使劳动者就努力工作，充分娱乐，达到不断提高劳动意识的目的。劳动者的劳动意愿不是企业最终追求的结果，应该把这种新的概念融入企业的经营管理中，一面吸收欧美和日本等经济发达国家的经验和教训，一面在劳动者的价值意识和意愿的特点的基础上形成符合市场经济体制的价值意识，这些意识的形成对中国企业经营者和劳动者来说是一个长期的课题。

第二，到目前为止，很多的研究都是以劳动者在企业的劳动意愿和工作积极性为核心而进行的。这些研究反映了有关劳动者职业生活的一个侧面。但是，中国劳动者的集体性传统，社会贡献意识也很强。而且奉献社会的意愿有着不仅通过职业生活，还要通过休闲生活中的人际关系来实现的趋势。考虑到这样一种情况，有必要将劳动者的劳动意愿置于包括休闲生活在内的整个生活中去进行研究。与美国等西方国家的个人主义思想不同，中国人有着"交互主义"（处于个人主义与集体主义之间的一种形式）的倾向，由于在追求个人利益的同时为集体作出贡献的意识十分强烈，个人主义理论在中国无法盛行。在这样的情况下，今后的调查研究应该准备一个充分考虑到中国特有的组织形式特点和价值意识的调查框架。

参考文献

[1] 北京大学社会学系社会学理论研究室. 社会学教程. 北京：北京大学出版社，1995

[2] 陈秉权. 中国工会的改革与建设. 北京：中国工人出版社，1996

[3] 邓荣霖. 现代企业制度概论. 北京：中国人民大学出版社，1997

[4] 戴园晨. 中国劳动力市场培育与工资改革. 北京：中国劳动出版社，1994

[5] 方乐华等. 现代企业经营管理教程. 上海：上海交通大学出版社，1997

[6] 高尚全，杨启贤主编. 中国国有企业改革. 济南：济南出版社，1999

[7] 蒋一苇. 论社会主义的企业模式. 广州：广东经济出版社，1998

[8] 刘永泽. 国有企业改革及其相关问题研究. 大连：东北财经大学出版社，1998

[9] 李东山等. 中国城市家庭——五城市家庭调查. 北京：社会科学文献出版社，1991

[10] 谭泓等. 日本劳资关系调节机制. 山东劳动保障，2006（7）

[11] 李伟民. 改革时期中国民众的社会心理变化1978～1995. 中山大学学报，1997（2）

[12] 陆学艺等. 1998年中国社会形势分析与预测. 北京：社会科学文献出版社，1998

[13] 陆学艺等. 1999年中国社会形势分析与预测. 北京：社会科学文献出版社，1999

[14] 陈一民等. 构建企业和谐劳动关系与建立和谐社会. 理论导刊，2006（8）

[15] 罗德明．中国经济的运行与发展．北京：社会科学文献出版社，1995

[16] 时蓉华．现代社会心理学．上海：华东师范大学出版社，1997

[17] 邵道生．中国社会的困惑．北京：社会科学文献出版社，1996

[18] 沙莲香．中国民族性（一）．北京：中国人民大学出版社，1989

[19] 沙莲香．中国民族性（二）．北京：中国人民大学出版社，1989

[20] 水延凯．社会调查教程．北京：中国人民大学出版社，1996

[21] 吴振坤等．革故鼎新——社会主义市场经济体制的确立．济南：山东人民出版社，1993

[22] 文贯中等．中国国有企业的改革．北京：中国经济出版社，1996

[23] 王学力．工资与工资争议处理实务．北京：人民法院出版社，1997

[24] 萧鸣政．现代人事考评技术及其应用．北京：中国人民大学出版社，1997

[25] 谢立中．西方社会学名著提要．南昌：江西人民出版社，1998

[26] 夏建中．孝文化与忠文化——中日传统家庭伦理比较．中国人民大学学报，1996（2）

[27] 袁方等．劳动社会学．北京：中国劳动出版社，1992

[28] 阎春芝．劳动关系需求与文化．北京：企业管理出版社，1995

[29] 张西明等．1996～1997年中国发展状况与趋势．北京：中国社会出版社，1996

[30] 张国庆．关于东南亚经济奇迹的分析．南京大学学报，1997（1）

[31] 中国农村家庭调查组．当代中国农村家庭——14省（市）农村家庭协作调查资料汇编．北京：社会科学文献出版社，1993

[32] 中国社会科学院职业女性研究课题组．职业女性的发展·参与及社会地位——中国社会科学院知识女性调查．北京：社会科学文献出版社，1995

[33] 中国社会科学院．当代中国的职工工资福利与社会保险．北京：中国社会科学出版社，1987

[34] 中国高级公务员培训中心．企业人事制度的改革政策与实践．北京：中国人事出版社，1996

[35] 常凯等．中国劳动关系报告——当代中国劳动关系的特点和趋向．

北京：中国劳动社会保障出版社，2009

[36] 冯喜良．转型期中国企业劳动争议发展特征研究．人力资源与社会保障发展研究报告 2009．中国劳动社会保障出版社，2009

[37] 卢福财．构建基于和谐劳动关系的我国人力资源管理新体系．人力资源，2006（10）

[38] 陆雄文．民主管理．杭州：浙江人民出版社，1997

[39] 李文龙等．国有小企业改革实务．北京：经济管理出版社，1996

[40] 青井和夫．『中国の産業化と地域生活』．東京大学出版会，1996

[41] 安藤瑞夫．『産業心理学』．新曜社，1982

[42] 麻生平八郎．『アメリカ労働経済論』．泉文堂，1971

[43] 蔡林海．「多国籍企業における異文化摩擦の考察」．『日中社会学研究』，1994（2）

[44] Douglas McGregor, 1960, "The Human Side of Enterprise"（高橋達男訳．『企業の人間的側面』．産業能率短期大学），1967

[45] Eastman, Lloyd E. 1988, "Family, Fields, and Ancestors", Oxford University Press（上田信，深尾葉子訳．『中国の社会』，平凡社），1994

[46] Elton Mayo, 1933, "The Human Problems of an Industrial Civilization"（村本栄一訳．『産業文明における人間問題 – ホーソン実験とその展開』．日本能率協会），1977

[47] Ernie Roberts, 1973, "Workers' Control"（手嶋三郎訳．『労働者支配制』，三一書房），1975

[48] 馮喜良．「中国における雇用従業者の仕事意識とその背景」．『流通経済大学大学院社会学研究科論集』，1997（4）

[49] 馮喜良．「生きる目標とその実現」．香川眞編．『労働条件に関する調査研究報告書 – Ⅱ．外国人労働者の雇用と労働条件』，社団法人日本労務研究会，1997

[50] 馮喜良．「中国における余暇と観光 – 消費傾向と収入状況からみる国内観光」．『観光社会学研究』，1998（3）

[51] 馮喜良．「雇用問題（第 1 章）」，「労働者意識（第 6 章）」，香川眞他編．『労働条件等に関する調査研究報告書 – 労働環境・人事制度の変化と労基法』．社団法人日本労務研究会，1998

［52］馮喜良．「市場経済における企業賃金体系の制度化―中国の一中小企業を事例として―」．『日中社会学研究』，1999（7）

［53］費孝通著，大里浩秋他訳．『江南農村の工業化』．研文出版，1988

［54］古澤賢治．『中国経済の歴史的展開―原蓄路線から改革・開放路線へ―』．株式会社ミネルヴァ書房，1993

［55］舟橋尚道．『日本的雇用と賃金』．法政大学出版局，1983

［56］Geert Hofstede，1991，"Cultures and Organizations Software of the mind"（岩井紀子，岩井八郎訳．『多文化世界－違いを学び共存への道を探る』．有斐閣），1995

［57］花岡正夫．『日本の労務管理』．白桃書房，1983

［58］Herman E・Krooss，Charles Gilbert，1972，"American Business History"（鳥羽欽一郎，山口一臣，厚東偉介，川辺信雄，訳，『アメリカ経営史（上）』，東洋経済新報社），1981

［59］本間康平．『教職の専門的職業化』．有斐閣，1982

［60］本間康平．「職場における価値意識―レジャ時代の片隅でもう一度問い直したい―」．『自動車とその世界11』．昭和45年第49号，1970

［61］本間康平．「生活における労働の位置づけ」．『ENGINEERS』．昭和51年通巻334号，1976

［62］本間康平．「雇用従業者の生活意識―A社の事例研究から―」．『応用社会学研究』，1988（2）

［63］本間康平，他．「雇用従業者の生活意識の構造―中田食品の事例―」．『応用社会学研究』，1990（32）

［64］本間康平．「仕事意識の国際比較」．『労働調査』，1992（2）

［65］八田正信．「雇用従業者の生活意識の構造―山梨電子の事例―」．『応用社会学研究』，1990（32）

［66］法政大学比較経済研究所・研究シリーズ6．『中国経済の新局面―改革の軌跡と展望』．財団法人法政大学出版局，1990

［67］岩田龍子．『日本の経営組織』．講談社，1985

［68］岩田龍子，他．『現代中国の経営風土―改革開放の意味を探る―』．文眞堂，1997

［69］石川晃弘，犬塚先．『企業内の意思決定』．有斐閣，1985

［70］石川晃弘．『社会変動と労働者意識－戦後日本におけるその変容過程』．日本労働協会，1978

［71］石川晃弘．『産業社会学』．サイエンス社，1990

［72］石川賢作，他訳．中国経済体制改革研究所著．『中国の経済改革』．東洋新報社，1988

［73］石田光男．『賃金の社会科学－日本とイギリス』．（株）中央経済社，1990

［74］伊藤元重，他．『日本の企業システム』．有斐閣，1993

［75］稲上毅，川喜多喬．『講座社会学6－労働』．東京大学出版会，1999

［76］金子美雄．『賃金－その過去・現在・未来』．日本労働協会，1972

［77］海道ノブチカ，深山明．『ドイツ経営学の基調』．（株）中央経済社，1994

［78］岸田尚友．『経営参加の社会構造』．広文社，1978

［79］木元進一郎．『労務管理と労使関係』．森山書店，1988

［80］木崎翠．「市場経済化と中国国有企業—組織と人のメカニズム—」．『市場経済化中の中国』．日本国際問題研究所，1995

［81］香川眞．「仕事とモティベーション」．西田耕三他編．『組織の行動科学』．有斐閣，1981

［82］香川眞．「中国企業における職務満足，モラール，モティベーションと仕事姿勢」．香川眞他編．『労働条件に関する調査研究報告書－Ⅱ．外国人労働者の雇用と労働条件』．社団法人日本労務研究会，1996

［83］川喜多喬．『産業変動と労務管理』．日本労働協会，1989

［84］川久保美智子．『日中社員の意識比較』．多賀出版株式会社，1997

［85］熊沢誠．『日本の労働者像』．筑摩書房，1993

［86］雇用振興協会．『雇用機会均等の現状と課題』．産業労働調査所，1986

［87］小池和男．『日本の熟練』．有斐閣，1981

[88] 楠田丘，久保淳志．『人事考課』．経林書房，1991

[89] 小林康助．『労務管理の生成と展開』．ミネルヴァ書房，1991

[90] 小林謙一．『現代日本の雇用構造』．岩波書店，1967

[91] 小島麗逸，高橋満，叢小榕，訳．中国国務院発展研究センター，中国社会科学院著．『中国経済－社会主義市場経済のすべてがわかる（上）』．総合法令株式会社，1994

[92] Lawler, E. E. Ⅲ, 1986, "High‐Involvement Management: Participain and organizational Effectiveness", Jossey‐Bass Publisher

[93] 孫田良平．『賃金統計の見方使い方』．一粒社，1970

[94] 宮本倫好．『日本IBM企業文化戦略』．株式会社ティビーエス・ブリタニカ，1986

[95] 松島靜雄．『現代の労務管理とその変遷』．日本労働協会，1986

[96] 森五郎．『労務管理論』．有斐閣，1971

[97] 中根千枝．『タテ社会の人間関係』．講談社，1972

[98] 中嶋嶺雄．『日本人と中国人ここが大違い』．文芸春秋，1990

[99] 長岡貞男他．『中国とロシアの産業変革―企業改革と市場経済―』．株式会社日本評論社，1996

[100] 西宮輝明，平野文彦．『労務管理』．泉文堂，1987

[101] 根橋正一．『上海－開放性と公共性』．流通経済大学出版社，1999

[102] 日本ILO協会．『平成10年度海外労働事情調査結果報告書』．（財）日本ILO協会，1999

[103] 尾高邦雄．『日本の経営』．中央公論社，1965

[104] 尾高邦雄．『職業社会学』．尾高邦雄選集第一巻．夢窓庵，1995

[105] 尾高邦雄．『労働者意識の構造』．尾高邦雄選集第四巻．夢窓庵，1995

[106] 荻原勝．『社員が選べる新人事制度ガイドブック』．日経連出版部，1997

[107] Polanyi, Karl, "Trade and Market in the Early Empires",（玉野井芳郎，平野健一郎編訳，1975，『経済の文明史』，日本経済新聞社），1957

［108］佐藤博樹，藤村博之，八代充史．『新しい人事労務管理』．有斐閣，1999

［109］佐野陽子．『賃金決定の計量分析』．東洋経済新報社，1970

［110］佐野陽子．『企業内労働市場』．有斐閣，1989

［111］桜林誠．『賃金の経済理論』．東洋経済新報社，1969

［112］塩原勉．『組織と運動の理論』．新曜社，1976

［113］清水徳蔵．『現代中国の挑戦と伝統』．アジア書房出版部，1988

［114］進藤一．『中小企業の賃金実務』．同友館，1978

［115］千石保丁謙．『中国人の価値観』．サイマル出版社，1992

［116］隅屋三喜男．『日本の労働問題』．東京大学出版会，1966

［117］隅屋三喜男．『現時の労働問題』．日本労働協会，1981

［118］隅屋三喜男．『時の流れを見すえて』．岩波書店，1991

［119］寿里茂．『産業社会学の構造 - 管理と自律』．中央経済社，1979

［120］橘木俊昭．『査定・昇進・賃金決定』．有斐閣，1992

［121］田中博秀．『現代雇用論』．日本労働協会，1984

［122］塚本隆敏．『中国における労働市場問題』．税務経理協会，1991

［123］塚本隆敏．『中国の社会変動』．税務経理協会，1996

［124］高崎経済大学附属産業研究所．『変革の企業経営』．日本経済評論社，1993

［125］富永健一．『日本産業社会の転機』．東京大学出版会，1988

［126］梅澤正．『企業文化の革新と創造』．有斐閣，1990

［127］梅澤正．『企業文化論を学ぶ人のために』．世界思想社，1995

［128］王鴻翔．「中間管理者から見た中国国有企業の企業文化」．『経営行動科学』第11巻第1号，1997

［129］郁貝紅．「株式制に改組する中国国有企業の試み」．『日中社会学研究』1995年第3号，1995

［130］于君．『現代の中国経済 - 経済体制改革と経済成長政策』．玄文社，1990

［131］八城政基．『日本の経営・アメリカの経営』．日本経済新聞社，1993

［132］吉田和夫，奥林康司．『現代の労務管理』．ミネルヴァ書

房，1994

［133］吉森賢．『西欧企業の発想と行動』．ダイヤモンド社，1979

［134］山下威士，山下泰子訳，陶春芳，蒋永萍編．『中国の女性－社会的地位の調査報告』．尚学社，1995

［135］山本吉人．『労働時間』．有斐閣，1995

后 记

在本书即将付梓之际，感慨颇多。

先是求学的经历浮现眼前。1989年深秋，我携带只够生活一星期的外币，只身踏上了赴日留学的旅程。在旅日的十多年里，虽有无数风风雨雨、艰难困苦，但也缘结了许许多多生命旅程中的贵人，正是大家的关爱和支持才使自己不断成长、走到今天。

感谢我的日本导师本间康平教授，他虽然是日本劳动社会学界的权威学者，却有宽容仁慈的博大胸怀，在陪伴我五年的学习过程中，无论从文章语句的润色还是学术思想的指导，始终尽心尽力、严谨认真，展示了一个真正学者的学术风范。

感谢香川真教授，是他把我领入学术殿堂，不仅在学术上，也在生活和工作方面给予我莫大的支持和帮助，成为激励我不断前进的精神动力。

感谢根桥教授、八田教授，正是他们的鼓励和支持，才使自己学有所成，继而能以他们为榜样，为人师表。

诚挚地感谢杨河清教授，2001年，我结束了海外漂泊生活回到国内，是杨教授促成我在大学任教，并在各方面给予大力支持和帮助，使自己能够很快适应、不断前进。

衷心感谢多年来支持工作的学校领导和学院老师，以及与我齐心协力、共同成长的研究生们，能与他们共事，是我一生中的缘分。

在本书出版之际，尤其需要感谢中国工人出版社编辑吕静、罗荣波，你们的敬业和严谨是赋予本书活力的坚实基础。

最后，感谢家庭的理解和支持，特别是我的妻子孔永红女士为家庭的付出。本书的基础是当年的博士论文，巧的是我的儿子冯浩也在同时期诞生，因此，所有的成果都是我的家人无私奉献及爱的结晶。

谨以此书献给所有值得我深深感谢的人们。

2012年11月6日
于望京花园幸福阁